The cultural Basis of Legal Community:
From the perspective of the maintenance of Its Publicity

甘肃政法大学双一流建设学术文库

法律共同体的文化基础

以公共性的维护为线索

王存河　王宏璎／著

法律出版社
LAW PRESS·CHINA
——北京——

图书在版编目(CIP)数据

法律共同体的文化基础：以公共性的维护为线索/王存河，王宏璎著. -- 北京：法律出版社，2022
(甘肃政法大学双一流建设学术文库)
ISBN 978-7-5197-7023-5

Ⅰ. ①法… Ⅱ. ①王… ②王… Ⅲ. ①法律-文化-研究-中国 Ⅳ. ①D929

中国版本图书馆 CIP 数据核字(2022)第151307号

法律共同体的文化基础
——以公共性的维护为线索
FALÜ GONGTONGTI DE WENHUA JICHU
—YI GONGGONGXING DE WEIHU WEI XIANSUO

王存河　王宏璎　著

策划编辑 肖　越
责任编辑 肖　越
装帧设计 汪奇峰

出版发行 法律出版社
编辑统筹 法商出版分社
责任校对 晁明慧　王　皓
责任印制 胡晓雅
经　　销 新华书店

开本 710毫米×1000毫米　1/16
印张 11.75　**字数** 178千
版本 2022年9月第1版
印次 2022年9月第1次印刷
印刷 唐山玺诚印务有限公司

地址：北京市丰台区莲花池西里7号(100073)
网址：www.lawpress.com.cn
投稿邮箱：info@lawpress.com.cn
举报盗版邮箱：jbwq@lawpress.com.cn
销售电话：010-83938349
客服电话：010-83938350
咨询电话：010-63939796

书号：ISBN 978-7-5197-7023-5　**定价**：52.00元
凡购买本社图书，如有印装错误，我社负责退换。电话：010-83938349

前　言

建设法治国家意味着以法律为纽带形成一个法律共同体。对于历史悠久、文化积淀深厚的中国而言，这要求法律与历史文化之间深度契合、相互支持，其中，法学知识体系在法律与文化的契合方面发挥桥梁作用，首先得弄清楚“中国是什么”和中华文化的特质是什么，并将这种特质用法律语言和法律概念表述出来。受以形而上学为底色的西方法律理论的影响，法律理论也把人理解为一个个用权利义务包裹起来的孤立主体，事物则表现为一个个彼此之间界限明晰的分离实体，隐然贯穿于其中的“主体—关系结构”思维模式把世界理解成由“原子”构成的体系。本体论意义上的个人主义受到方法论层面的个人主义的隐秘支持，这就是个体/主体之间奉行主体性原则、经济人原则和异端原则，在利益面前“自我”与他者之间是片面的竞争、冲突和排他关系，至多也是竞争基础上的合作关系。在中国文化的思维模式中，“关系结构—个体/主体”是一个基本的思维结构，并且与各种社会与文化要素之间形成相互支持关系。在认识论层面上，汉语汉字是以象形文字为基础发展形成的思维系统，其首先对事物进行直观性整体性的把握，在此基础上对事物展开分析，虽然这种分析并没有得到很大发展，但其优势在于保证了“整体性—分析性”的统一。西方线性文字表达法律概念的方式决定了一开始就运用定义分析方式，对对象特征进行取舍，“见树木不见森林”的方法论容易割裂事物的整体性,事实上其重大缺陷还在于无法承诺逻辑分析前提的存在,分析的前提和分析后的综合并不是一回事。由此,西方哲学中直观与分析之间的对立一直持续到现在,但在中华文化中这一问题并不存在。

就个体与文化之间的关系而言,西方自由主义理论试图通过一个不问文化归属的公民身份框架来解决文化差异、弱势群体、少数群体的问题,认为个人权利已经包含了对差异的宽容,公民身份、个人权利等制度设置包容了文化差异。这是自由主义理论顺着自身法律文化传统解决文化多样性的基本出路。然而,可以看出这一理论容易导致孤立化、碎片化,将文明之间的关系理解为片面的冲突关系,对公共利益、价值共识、社会凝聚力等问题无法进行有效回答。随着世界范围内人口流动的常态化,各国文化呈现丰富的多样化与多元化,很少有国家还能保持同质化单一民族国家的封闭状态。把文化视为个人领域的自主选择事项的市场化处理策略,并不能有效解决文化认同与法律认同、文化价值与法律价值之间的关系。

与西方国家因为人口流动和殖民等原因走向文化多样化不同,中国在历史上就是一个多族群组成的国家,是文化共同性和多样性的统一体。文化的"共同性"是法律共同体的基石,多样性则是保持活力的重要机制。中华文化的共同性、多样性和正义观应该在不同位阶的立法中概念化、法律化、体系化,并成为法教义学意义上的知识体系。历史文化传统、法律体系和法学知识三者之间在哲学存在论、认识论、方法论与价值观各层面上形成一致。

为了达成此目的,本书认为应当采用概念考察方法。法律概念作为对生活事实的规定性表达,是一种生活样态的可能性,向现实世界开放,因而对文化保持开放。换言之,法律概念本身并不是脱离社会的、仅限于文本中的存在,概念的含义本身包含了语境信息,对其含义需要在社会生活语境或者说实践语境中把握,但社会生活语境本身过于宽泛,可以选择从日常概念入手。因为日常概念恰恰是民族文化价值观、思维方式的集中表现。当然,这只是说明对于法律概念的把握不能脱离日常意义,依托概念的日常理解最后达致法律概念体系的本土化重构。整体而言,现在的法律概念体系是以主体性、主体间性作为哲学预设,但中国的日常概念体系却是在关系结构中确定主体性,蕴含着本土的语境信息。法律概念体系和日常概念体系之间含义的比较性阅读,以及对日常概念体系的尊重是完成法律概念体系向中国哲学精神靠拢的可靠可行的路子。

从对概念的态度上看,概念考察其实可以分为概念分析与概念解释。概念分析方法与概念解释方法在我国的法律教科书中均有体现。概念分析方法与英美分析哲学关系密切,在我国法学界中主要体现在法律本体论之“法律是什么”“民法是什么”“刑法是什么”等,长于建构概念体系,并通过分析作为意义单位的概念得以成立的正确性条件来澄清概念的含义。概念解释方法从学术源流上说源于欧陆哲学解释学,我国的法律解释方法论受欧陆法学影响更大。由此可以看出我国法学“精神分裂”的程度有多么深刻。虽然学术界认为我们自己的传统与欧陆学统更为接近,但从概念分析方法关注概念得以生成的正确性条件这一思路看,其更加有助于中国法学接近中国的实践本身或者概念的语境,概念解释方法虽然也不可避免地要运用定义方法,但其“视域融合”的特点决定了其不大关注概念得以成立的正确性条件,而是将其作为既定的前提予以接受,对这个前提自身的成立条件究竟是什么似乎不太关心,而是强调在“过去与现在”“立法者与解释者”的视域融合中获得确定性和结果的可接受性。对于中国法学而言,既定的法律概念体系与本土语境之间哲学精神的契合是一个前提性的东西,然后才会涉及视域融合与判决结果的可接受性问题。在这个意义上,本书更赞成概念分析,虽然分析传统对于我们来说是一个更加陌生的方法,但分析方法的有意识运用却能够更好地解决法律与文化土壤之间的匹配关系,让历史文化传统经由分析进入概念体系。汉字作为具象文字,天然具有整体性把握事物的优势,分析方法的运用可以把整体的规定性与精耕细作的科学精神结合起来。概括一句,概念虽“小”,其实涉及价值问题、知识问题和方法问题,优点在于使微观操作与宏观上的人文关怀相结合,而且更易避免习以为常,但又谁也说服不了谁的思辨方式。

本书也注意通过具体的事例、案例来达成对价值问题的关切,并采用概念分析方法,以避免在探讨价值问题时流于虚化泛化。除概念考察方法之外,本书也将作者田野调查获得的资料通过讲故事的方式,展现出来(第四章第一、二部分)。讲故事方式的最大优点是将语境比较饱满地凸显出来,讲故事的方式天然地蕴含了语境,能够取得案例分析方法所不能达到的效果,在凸显文化与法律的关系方面有其独特的重要性。

法律与文化土壤之间的适配关系是一个前沿性的难题,哲学社会科学的各个分支都在为此探索。在“中国是什么”的问题上,需要有一个总体性的把握,仅靠法学知识自身是难以胜任的。对于研究者而言,这意味着知识、素养和视野方面的高要求。尽管本书作者根据自己的理解,尽可能学习掌握哲学、民族政治学、历史学和语义学的相关知识,力争拿出一个论证严谨、逻辑自洽的成果,但信息量如此之大,在知识和方法的融会贯通上均感觉有些吃力,论证中的各种缺陷只能期待通过以后的学习提高来减少。

目 录
CONTENTS

绪　论

一、研究背景

因为学术兴趣和工作单位所处地域的原因，我们对于习惯、地方文化与纠纷解决之间的关系给予了长期的关注，最初主要是从法社会学的视角切入研究习惯法规范本身，之后逐渐向法教义学角度过渡，着眼于如何处理制定法与习惯法规范、少数民族习惯规范的关系，视角的转换无疑受到了法学界关于"法学中国化"持续讨论的影响，也与我们思考的逐渐加深有关。我们发现仅从某一个地方、某一个族群的习惯与国家制定法的关系入手，可能可以解决国家统一法制在某个地方的适应性问题，但对于有众多族群文化和地方文化的中国而言，要完成法学的中国化与本土化，避免法学知识体系与本土文化"两张皮"的尴尬，首先得弄清楚"中国是什么"和中华文化的特质是什么。2020 年新冠肺炎疫情的暴发，为学术界切身观察、体会和反思这一问题提供了一个绝好的机会。受以形而上学为底色的西方法律理论的影响，法律理论也把人理解为一个个用权利义务包裹起来的孤立主体，事物则表现为一个个彼此之间界限明晰的分离实体，隐然贯穿于其中的"主体—关系结构"思维模式把世界理解成由"原子"构成的体系。个体/主体之间奉行主体性原则、经济人原则和异端原则，在利益面前"自我"与他者之间是片面的竞争、冲突和排他关系，至于合作，至多也是竞争基础上的合作关系。这一理论容易导致孤立化、碎片化，将文明之间的关系理解为片面的冲突关系,对公共利益、价值共识、社会凝聚力等问题无法进行有效回答,对人际之间、区域之间、国家之间为何应秉承“山川异域,日月同天”“岂曰无衣 与子同裳”的团结、友爱、互助等理念无法进行深层次的系统说明。因此,按照中国文化的实践逻辑和理论逻辑,重新思考政府、市场、社会之间的关系,发现多样性背后的共同性并进行法治化维护,建立现代治理体系,提高国家治理能力,无论是对于世界而言还是对于国内众多族群文化和地方文化而言,都具有不言而喻的重要性。

正如学者指出,我们会经常性地听到以“中国”打头的词汇,比如中国经济、中国政治、中国社会、中国文化、中国法律等词汇、课程与著述。对此,我们也许已经习以为常以至于不假思索,但是如果细究起来,问题并不简单。“中国”作为一个共同体意味着什么,是一个逻辑建构,还是一个具有共同记忆或共享价值的历史单位?包括族群、宗教、语言、习俗、地域等具体而复杂,又充满了差异性的组成部分怎样凝聚在一个被称为“中国”的共同体之内,其共同性是什么?学术界倡导的区域性经济研究、政治研究、社会研究和文化研究包括民族(族群)习惯法研究,固然细化深化具体化了对这些问题的理解,却意外地引出了对是否存在一个具有“共同性”的中国历史、中国文明与中国思想的质疑。① 这涉及国家认同/中华民族认同问题。

“国家认同”一词被用来描述和分析一个国家的公民对国家的忠诚问题这一特定现象②,与国家认同相关的另一概念是族群认同。作为两个不同的用于描述和分析个人归属感的概念,族群认同是指族群的成员基于血缘、文化传统的一致性形成的对于自己族群归属的认知和情感依附,国家认同则与公民概念相联系,是指生活在某一国家之内的公民基于对自己国家的历史文化传统、道德价值观和理想信念等的热爱而建立起来的认同,外在表征是以宪法法律为核心建立起来的个体对于自己国家的内心归属感。从世界范围来看,在多族群国家内部的日常生活中,族群认同和国家认同交叠互动,呈现一致与冲突两种不同趋向,影响着国家的向心力和凝聚力。当二者协调与平衡时,民族国家就变

---

① 葛兆光:《宅第中国——重建关于“中国”的历史论述》,中华书局 2015 年版,第 1 ~ 38 页。另外,学者们在这一方面的关注性文章主要出自政治学界、历史学界、民族学界、人类学界和思想史学界学者,比如费孝通、许倬云、葛兆光、赵旭东、张海洋、杜赞奇等。

② 周平:《多民族国家的国家认同问题分析》,载《政治学研究》2013 年第 1 期。

得团结有力;反之,若两者的共生关系被削弱或被拆散,甚至发生激烈冲突时,就会产生族群分离主义,国家认同出现危机。

最早出现于西欧、为了解决将王朝国家的居民整合成民族后出现的民族与国家二元对立而形成的民族国家,都是单一民族国家;民族与国家基本是重合的,在价值、制度与实践方面具有同质性。[①] 单一民族国家作为国家形态与历史上以文化同质化为底色的古希腊城邦模式一脉相承,并成为后来的自由主义者解决民族国家认同的基本思路,该思路认为即便是在族群众多的国家里,应当不问群体归属,仅保护个人的基本权利。族群认同在个人生活中得以自由表达,国家不应对族群文化归属或者族群身份作出规定。[②] 然而随着民族国家形态不同的多族群国家的出现,单纯以文化同质化为基础的公民制度解决国家认同过程中遇到了新问题。就一个主权国家的理想状态而言,在多族群国家之内,各族群成员将国家视为自己的政治归属,遵守国家的宪法和法律,维护国家的统一和尊严,将本族群群体的利益与国家利益能够统一协调起来。实际情况是,多族群国家的某些群体尤其是非主体地位的群体出现了对于国家的认同危机,影响到了主权国家的统一和稳定。被用于解决民族、族群与国家之间紧张关系的制度安排——民族国家——也需要理论上的重构,最初用于整合国内居民形成的单一民族国家机制与理论都需要创新,以解决多族群国家族群内部的认同与国家认同这两类认同理论上的不统一。

多族群民族国家是由多个族裔群体共同建立、共同支撑的政治法律共同体,那么,族裔群体有没有独立于个人的法律地位?现代各国宪法多以“人民”“人民主权”“主权在民”等概念表明国家的权力来自人民。但各国对宪法文本中“人民”的含义在解释思路上存在差异。西方持自由主义理论的许多人反对给予特殊族群政治认同或者宪法地位,即使给予,那也是临时性的措施而已。[③] 他们更愿意在“普遍权利”“普遍正义”的范畴下解决文化差异和个人对各类认同单位的归属,从而弱化族群文化身份。还有学者如罗尔斯的“重叠共识”、哈

---

① 葛兆光:《宅第中国——重建关于“中国”的历史论述》,中华书局 2015 年版,第 26 ~ 40 页。

② [加]威尔·金利卡:《多元文化的公民身份——一种自由主义的少数权利理论》,马莉等译,中央民族大学出版社 2009 年版,第 49 ~ 70 页。

③ [加]威尔·金利卡:《多元文化的公民身份——一种自由主义的少数权利理论》,马莉等译,中央民族大学出版社 2009 年版,第 6 页。

贝马斯的“宪法爱国主义”，将单一民族国家中具有文化同质性的公民身份改造为一个抽象制度设计，其本身对于语言与文化归属差异具有包容性，其特点是通过程序机制解决具有不同世界观与价值观的公民之间达成以宪法原则为基础的价值共识，解决公民的国家认同。试图将国家认同基础建立在公民理性参与政治活动的基础上，从而摆脱国家认同对于历史、语言和文化的依赖，使国家认同有独立的基础。[①] 这种思路实质上是一种通过弱化族群文化实现一个政治法律共同体的策略，是一种个体平等、人人参与、国家中立的国家建设思路，将文化视为私人领域的事项，国家对此不应表达态度。

还有一些理论则主张少数民族或族群的独立地位。比如伯林认为，在民族国家里，公民社会要保持稳定和使成员保持忠诚，不能单单依靠抽象的原则或者普通的制度规范，而且还需要共同的民族文化；民族情感是社会团结，也是一个社会政治团结的主要来源。[②] 金利卡教授提出了“多元文化的公民身份”，认为自由主义可以与少数群体权利兼容，这对自由主义的公平理论是一种补充。[③] 这种强调民族或者族群文化独特地位的做法仍然面临一个难题：在多民族国家中，建立在族群基础之上的公民对于国家的忠诚并不容易获得。在多民族国家里，通常只有主体族群才能顺利地将族群主义和爱国主义“合二为一”，某些非主体族群则不愿或者不易产生经由族群主义升华而来的爱国主义情感。在强调族群或者族群文化多元的时候，必须解决好民族国家的“同一性”问题——多元族群文化特殊性基础上的共同性。

至此，可以看出现代民族国家的认同离不开具有能够包容差异性的公民身份制度，也离不开共同的文化纽带，一种共同的民族文化需要处理好国内各族群文化之间的关系以及“一体”与“多元”关系。这需要对公民、多元族群与民族国家之间的关系进行整体性把握。

首先是国家与公民之间的关系。公民身份作为一种具有兼容文化差异性的制度安排，把族群文化各异的人纳入了民族国家之中，使个人在公共事务中

---

① [德]尤根·哈贝马斯：《在事实与规范之间——关于法律和民主法治国的商谈理论》，童世骏译，三联书店2000年版，第296～356页。

② 徐迅：《民族主义》，载凤凰网，http://www.ifeng.com，最后访问日期：2015年2月25日。

③ [加]威尔·金利卡：《多元文化的公民身份——一种自由主义的少数权利理论》，马莉等译，中央民族大学出版社2009年版，第2～12页。

的重要地位增大了,但解决不了多元族群文化面临的难题,即公民个人在政治法律上的形式平等、机会平等,使归属特定族群文化的个人、少数族群面临利益冲突或者是价值抉择上实质处于不平等地位,尤其是价值选择上少数族群在政治决策过程中处于不利地位,公民身份与族群身份在政治决策中的内在紧张关系。个体法律地位上的平等解决不了社会意义上的平等;个体法律上的平等并没有增加同质化的成分,因为政策与法律的出台以多数群体的价值观为主导,个体平等的公民身份制度反而放大了社会的异质性。有学者以为,在所有涉及认同的类型中,如城乡、贫富、阶层等可以通过改革发展予以解决,但民族认同与国家认同之间的不协调却因为发展反而增加了,这既与现代性发展中人们追求外在的世俗功利时所持的解决问题的能力相关,也与人们在变动不居的社会中追求心灵家园的内在需求相关。①

其次是民族国家与族群之间的关系。在多民族国家中各族群平等,对少数族群赋予特别权利,以实现实质上的平等。但在尊重族群文化差异的同时,还要找到其中的"共同性"或"同一性",实现所谓国家化的民族共同体。仅通过法律整合形成的国家认同是一种弱认同,缺少了一种内在的观念、价值与文化的支撑与指引,国家认同难以具有持久的支持。但国家认同/民族认同与族群之间也有一种紧张关系:民族国家需要发现经由自然演进过程显示出来的"同一性"或者采取一体化措施逐渐建构出拥有统一文化的民族;各个族群尤其是自认为是弱势的族群则为了能够保存其独特文化,避免被国家的共同文化吞噬,反对各种一体化的族群政策;族群文化之间还存在矛盾。怎样实现"一体",又怎样尊重多元?

每人一票的代议制民主过程注重的是个人权利,居民的族群差异无法反映和表达,最终的结果是保证了主体族群的文化属性,少数族群的成员因为文化的差异而带来的不平等并非他们自己选择的结果。为此,学者们提出了群体代表制作为补充,这种代表制的特点是在立法机构中,把一定数量的席位保留给少数群体或者弱势群体,从而使其对于与其群体有关的事项有决定权。

实行少数族群的区域自治是解决多族群统一国家建构与族群自我发展矛盾的有效手段。区域自治能使少数族群免于被歧视与排挤,通过相关措施来降

---

① 张海洋:《中国的多元文化与中国人的认同》,民族出版社2006年版,第253页。

低不利于他们的因素。当然,区域自治在保障少数族群能够合法地发展其多元文化、进行自我管理的同时,对统一的国家建设会带来实践中的新问题。

作为解决问题的最后方法,就是民族国家的法律和政策要尊重和包容族群的文化差异,不能以强制手段迫使其放弃自己的文化习俗,使文化上的差异性不妨碍其在主流社会政治、经济方面获得发展。①

最后,在文化认同机制上,公民个人对于族群文化的认同属于自然而然的表达,民族文化则似乎是被有意"构造"出来的。这种看法其实并不正确。以爱国主义为核心的团结统一、爱好和平、勤劳勇敢、自强不息的中华民族精神形成于历史上各地方各族群生产生活方式之间的互动交往、彼此依赖和共同塑造,现代交通、通信、传媒的发展以及人口的大规模流动,使得民族共同性在具有公共性的生产生活中得以滋长、发展和巩固。

整体而言,法律学术界对上述问题的关注程度是非常不够的,表现在法律学术界对于形式化的"统一法制"究竟负载着什么样的具体内涵的探究非常缺乏,内涵是不清晰的。法律学术界运用法律话语描述中国/中华民族共同体的内涵,并以法治方式维护共同体的共同性,尊重内部多样性,其蕴含的学术意义和实践意义可以展开分析。

第一,在建立现代治理体系的语境下,祖国大陆(内地)与台湾、香港、澳门地区四个法域之间实行不同的社会制度,属于不同的法系和法域,具体的法律政策、立法与司法制度固然有差异,但对于"一国"的内涵应当有共同的认知。这种认知并不仅仅是一个简单的逻辑建构,更是一种通过对"中国"的历史陈述来把握的内在同一性。正如其他学术界区域性研究中出现的问题一样,法律学术界对于统一法制的把握与维护在理论自觉方面尚有很大提升空间,因为学术界似乎把重点放在"多"而不是"一"上。因为"一"指向了规定性和规范性的内容,而"多"更多涉及描述性的内容,"多"只有放在"一"的规定性中进行讨论,其才具有现实的可行性。

第二,历史上,历朝历代的统治者主要通过政治策略、意识形态和文化等方式解决统一国家内族群地方性文化的发展问题。而现代法治社会在增进各族

---

① 张寅:《多元文化背景下的民族国家建构研究》,吉林大学2011年博士学位论文,第160~165页。

群成员的国家认同意识主要的手段中增加了法律手段。这是多民族统一国家的客观发展要求和必然趋势,统一法制除了作为对既存事实的"中国同一性"的形式化系统化的文字陈述,还承载了对未来可能/应当出现的同一性的期待。就法律领域而言,当我们开始强调法治的时候,意味着治理方式的变迁,所有的规范和具体结构都是从宪法价值和规范推导出来的,宪法凝聚了对于"中国"同一性的共识与认同。这也是法律解释学首先要面临的关键问题。

第三,更重要的是同一性的维护要在纠纷解决过程中予以现实化。纠纷解决活动总是在具体场景中展开的,只有通过法律解释将具体多样的文化情感、利益诉求与稳定清晰的规范体系结合起来,获得制度层面上持久有序的支持,也使得国家统一法制获得了与本土经验相契合的实质性内容。历史地看,这是有别于通过政治决定实现统一与差异之间整合的方式,意味着国家与社会的管理创新。

二、研究现状述评

与本书相关的既有研究成果主要包括以下三个方面:

一是法律解释学方面的研究成果。法律解释是近些年法学界关心的热点问题,法学各学科均有著作、译著和论文不断涌现,无法一一列举。其中,代表性的成果有:梁治平主编的《法律解释问题》、谢晖的《法律的意义追问》、梁慧星的《民法解释学》、王利明的《法律解释导论》、黄茂荣的《法学方法与现代民法》、张明楷的《刑法分则的解释原理》、林维的《刑法解释的权力分析》;译著有:[德]拉伦茨的《法学方法论》、[德]齐佩利乌斯的《法学方法论》和[美]卡多佐的《司法过程的性质》、[美]安德烈·马默的《法律与解释》,等等。这些成果着眼于在个案解决中坚持法治,增强司法决定的可论证性、客观性与说服力,并揭示了法律解释问题的诸面相,如主观与客观、立法与司法、国家与社会、民主与反民主、精英话语与大众话语、确定性与灵活性之关系等。诸主题中,确定性与灵活性之关系与本书有更高程度的关联。细品学界诸成果,又可细分为:一为在时间序列中之静态与动态间如何保持平衡,如庞德、卡多佐等人之论;二为在一般正义与个案正义之间如何维护合理平衡;三为形式公正与实质公正之间的平衡。

二是关于国家认同、文化认同以及少数民族法文化的研究。来自民族学、人类学还有政治学领域的学者对国家认同、文化认同方面的研究较多,比如费孝通、张海洋、陈连开等。他们的研究展现了我国丰富的族群文化及其起源和相互之间的联系。“多元一体”是费孝通先生对于统一多民族国家的描述,以多样的生态环境和生计方式为多元民族文化的社会基础,“一体”是统一的政体、一个统一的历史文化传统,乃由中国各民族共同参与缔造发展,多元则是各民族的地方文化小传统。法学界的学者则对少数民族习惯法资料进行搜集、整理、分析,或者是对少数民族法文化的特征、精神、沿革等进行解释,比如谢晖、高其才、张济民、徐晓光、王宗礼、王佐龙、马克林、刘艺工、牛绿花等,其著述难以一一列举。

三是关于纠纷解决的动态研究。这方面的研究主要是通过具体的个案揭示法院、政府和社会组织各自所起的作用,以及习惯法和国家法的互动关系。西方(包括日本)学者研究的特点是把纠纷作为社会控制系统的一个子系统来研究,或者是将纠纷解决作为揭示正式制度与非正式制度(或者国家与社会)之间关系的手段。本土的一些法学学者(如朱苏力、顾培东、范愉、高其才、何兵等)也注意对我国的纠纷及其解决机制的研究。社会学与人类学学者充满本土气息的各种调研资料刺激了法学界对于法学中国化的关注,引发了中国法学界内部社科法学与法教义学的争论。不过整体而言,社会学、人类学学者的作品中对于汉族社会的研究较多,法学界主要关注的是少数民族地方的纠纷解决,如王学辉、张晓辉、方慧、王允武等人的研究。

整体而言,在视角与方法上,第一类研究表现出了现代法学与现代法治的规范品质和形式主义,追求的是司法决定的应然层面与统一层面。第二、三类研究则侧重运用民族学、(法)社会学、(法)人类学而非纯规范分析方法,描述了法律实践中的实然层面与实质差异。这两个方面的研究折射了我国法学研究与法律实践面临的现实难题,即规范性与本土性的结合。我国法律学术界对于当前中国发展进程中因为阶层、贫富、城乡等纵向分层引发的社会问题已然给予了高度关注,但对于因为价值取向和对生活意义的不同理解而形成的民族、宗教、语言、地域等族群文化认同现象及其在政治法律上的意义缺乏从法律学术上进行深层次的规范研究,对两类问题的区别与关联未能深度关注。

还可以换个角度,从当下正在展开的法教义学和社科法学之间的学术争鸣反观一下争论的症结,以及法学学术对多民族统一国家历史与现实的关注程度的不足。在揭示二者争议背后的原因时,有观点将二者之间的争议视为两种学术资源——美国法学传统与德国法学传统——之间的争论,[①]也有观点认为这是两种方法之间的争论,并认为社科法学缺乏对法律条文及其内涵进行认真解读的兴趣和耐心。在一个法治尚未确立的国家,就迫不及待地对法律自身进行反思和批判,其后果是毁灭性的。本书以为,这些争鸣与邓正来先生的著述《中国法学向何处去》一样,都是中国法学界对于中国问题关注度不够、尚未形成以"中国问题"为导向的理论体系焦急不安心态的反映。反思当年因为法律实践必须面对社会新问题,需要对各自本来的"正义"原则和规范体系进行修正,德国的利益法学、自由法学对概念法学进行了批判,美国的法律现实主义与批判法学对法律形式主义进行了批判,这是法学对于各自国家时代性问题的应对,并非知识传统之间的对立。德国的法教义学其实并未排斥价值判断,不过美国的同行在实质判断方面空间更大一些而已。

法学的发展历史决定了早期的规范法学关注的是单一民族国家时期的法律实践问题,后来出现的社会公平问题、环境正义问题、科技发展引发的生命伦理问题,[②]每每能够引发法学如何发展应对的争论,这些在我国也已渐次出现。然而对于文化多样性的考虑差别很大。西方自由主义理论试图通过一个不问文化归属的公民身份框架来解决弱势群体、少数群体的问题,认为个人权利已经包含了差异的宽容,公民身份、个人权利等制度设置包容了文化差异,故在制度层面上不应该赋予所谓族群"差别权利"——文化不需要国家的倾向性支持。这当然也是其自身法律文化传统的延续,这样的处理办法引发了很多问题。与西方国家因为人口流动和殖民等原因走向文化多样化不同,中国在历史上就是一个多族群组成的民族国家,中国的法学必须从根基上建立中国自己的正义原则和相应的制度规范。

也就是说,从同质化单一民族国家到多族群的统一国家,隐藏于公民身份背后的文化归属在民主机制运行过程中,对于个人和群体并非不重要,文化归属在制度层面上如何恰当安排亦非个人领域的自主选择事项所能概括。西方

---

① 尤陈俊:《不在场的在场:社科法学和法教义学之争的背后》,载《光明日报》2014年8月13日,第16版。

② [德]阿图尔·考夫曼:《法律哲学》,刘幸义等译,法律出版社2011年版,第9页。

以自由主义为底色的法学理论,对于文化多样性问题也是在自由主义的基底上向前走,其理论自然并不能全然回答只有我们才会面临的问题,也未必能够提供一个满意的答复。在世界范围内,价值歧异与利益冲突可能会由财富、环境、科技等引发,这些在其他国家自然也会碰到,但多元族群背后的价值复杂性以及中华民族共同性的维护对于中国法学的挑战却是自身的问题,这是中国自身作为具有悠久历史的大国的复杂性所决定的。

三、概念界定

1. 族群与民族

族群与民族这两个概念均来自欧美,在人类学、民族学的学术讨论中是最具活力的研究领域之一,也是我国政治法律实践必须关注的重要现象。在人类学、民族学理论中,对于族群内涵的认识并不一致,但大体上把族群界定为:一个民族国家之内意识到拥有不同于其他群体的历史记忆、共同文化要素的共同体。因为时代背景和社会文化背景的差异,秉承了不同背景与知识体系的学者,对于族群的要素看法并不相同,总结起来包括了语言、信仰、价值、风俗习惯、历史经验等要素。在具体的实践中,这些要素之间的组合方式会有一些变化。这显示了文化概念的动态性、操作性与适应性。至于自我认同,是指族群的自我意识,具有自主性、内聚性、认同性、相对性、稳定性,是族群形成的灵魂所在。这不仅是主体对"自我"的族群归属意识,也是在族群交往中,族群的文化差异被"他者"承认的过程。① 族群不仅具有文化主体性,在多民族国家中族群还具有潜在的政治主体性,因为牵涉一个国家民族政策和相关法律的制定,以解决族群差异的承认和有效降低存在于各族群之间的平等问题。

民族作为近代以来的一种现象与国家相对应,是为了解决对国家的认同、国家统一而被建构出来的历史文化共同体,英语"nation"一词,既指民族也指国家。在我国宪法和宪法性法律中,作为一种法律用语,规定我国是"统一的多民族国家",同时还规定了国内 56 个民族的法律地位,这样,"民族"一词在

---

① 参见徐杰舜:《论族群与民族》,载《民族研究》2002 年第 1 期;周大鸣:《关于中国族群研究的若干问题》,载《广西民族大学学报(哲学社会科学版)》2009 年第 2 期;张寅:《多元文化背景下的民族国家建构研究》,吉林大学 2011 年博士学位论文,第 26 ~ 42 页。

运用时含义呈现不同的层次。在本书中,在与整个国家相对应的层面上,使用“民族”(中华民族)一词,而对国内各民族则一般用“族群”一词,包括族群文化。不过,在指称习惯法、民族政策时,出于尊重学术界业已形成的表述习惯,也会用“少数民族习惯法”“民族区域自治”等表述。

2. 族群认同、民族认同与国家认同

族群认同与国家认同是两种非常重要的社会认同类型。族群认同强调文化传统,是指族群成员因为共有的历史与文化等因素产生的对于本族群的认知和情感归属,本族群能因此种共同文化而凝聚起来,在其文化和传统受到不尊重或者为了维护本族群的现实利益而采取行动。人们对于产生族群认同的原因有不同的看法,或者是因为对于族群文化的心理归属而产生,或者是出于某种现实目的而强化某一种或者建构某一种族群认同,或者是族群的精英人物为了获得政治法律的某些利益而对族群加以认同。

国家认同是指一国公民对祖国的价值观、历史文化、国家主权的认同。现代社会的国家形态为民族国家。民族国家作为一种制度体系,是为了解决欧洲王朝国家将国内居民整合为民族后出现的民族与国家的二元对立问题。通过民族与国家的有机结合,实现民族对国家的认同,民族取得了国家的形式,民族与国家相统一。之后,民族国家因为来自其他族群的成员而导致族群构成的复杂化,由单一民族国家发展为多民族国家,或者因为不少国家是将一国之内已存在的多个族群整合为统一的国族而形成民族国家的多民族国家形态。

族群认同与国家认同处于交叠互动之中,既有统一也有冲突,影响族际关系和国家的统一稳定。通观世界各国,处理国家与族群关系的模式大体分为两种:一是使少数族群与移民群体同化,并入主流文化的盎格鲁-撒克逊模式;二是多元文化主义模式。第一种模式体现了文化同质化的政治共同体理想,认为公民具有共同的起源、语言和文化。显然,公民身份也是有文化边界的,能够适用于单一民族国家的情形。公民身份制度后来被解释为能够包容个体的文化差别的制度,进一步延展到人权理论,个人权利理论认为已解决了族群认同问题——族群成员可以不受歧视和偏见地保持他们的族群传统文化或者他们所希望的认同。国家避免对族群文化作出任何法律上的和官方的认可,防止以族类为标准进行资源、权利和义务的分配。可以说,这种模式非常强调个体的公民身份、国家认同的培养。

第二种模式承认各族群的地位、各种文化的平等存在与和平共处，防止族群、种族、宗教歧视。赋予少数族群差别权利，实现实质平等。但这种模式是否就一定解决了国家认同问题呢？国家认同的基础何在？共同的价值是否能够解决国家认同问题，比如在一国的法律体系中声明共同的价值基础。从民族国家的发展历史可以看出，民族文化为民族国家提供了一套观念、价值与符号，没有共同文化、共同历史记忆构成的民族文化认同的支持，政治法律共同体的稳定与统一缺乏凝聚力。① 这表明，共同价值并非独立于族群文化而获得，共同的价值观并非产生共同的国家认同的充分条件，因为这无法解释某些族群共享共同的价值却归属于不同的政治法律共同体的现实。一个人既是公民，也是族群文化的成员。我们无法得出族群成员一定共享一些价值和一些生活方式，但一个人自小到大所处的语言和文化构成了其选择的重要背景——尽管未必是唯一重要的背景。

总之，多民族国家的建设要处理好政治一体化与文化多样化的关系，实现多元共存、政治一体。一方面，族群差异应该是建立在国家完整性和同一性基础上的差异，没有国家认同的差异缺乏内在的凝聚力，一个多民族国家内部的族群文化或者因为长期的经济生活方面的互补和共生，或者因为天然的地理条件或者因为现代国家的社会化，相互之间具有了一定的“同一性”。另一方面，国家认同和共同价值以族群文化差异为现实基础，但国家文化是吸纳和融合了各种族群文化的更高层面的文化——属于政治法律共同体的文化。各族群文化在国家的政治法律方面具有平等合法的地位。

正是在与国家认同概念相对应的意义上，在强调文化对于提供记忆、凝聚共识、确立认同的重要性时，民族认同概念包含了国家认同所需要的文化支撑。民族认同是一种更大层面的认同，每个族群是一个更大的国家和群体的组成部分，民族认同指称各族群共同认同的东西，这些共同的东西已然存在于各族群的历史与文化中，不是一个凭空建构、独立存在的东西，而是作为形成个体的组成部分（构成要素），在认识逻辑上先于以完整形态存在的个体。中华民族这个概念凝聚了历史中国和文化中国同一性的可记忆、可感知的质感材料。中华民族与现实的中国有一个共同的空间、共同的生活习俗和生活伦理。这种同一

① 张寅：《多元文化背景下的民族国家建构研究》，吉林大学2011年博士学位论文，第35页。

性在日常生活中主要从语言文字、经济生活、民间传说、神话故事、音乐舞蹈、节日等方面发展而来。有学者指出，中国的各族群各有特点和特长，他们的发展与中华民族共同性的发展相辅相成、相互促进、共同发展。某个或者某些族群的特长一旦为全国各族群或者为许多族群所接受，就成为一种共同的特长，亦即成为中华民族的共同性。①

从法律实践思量，这些个性也许构成了民族地方法律工作者日常工作的"前见"，但中华民族共同性的维持如何成为所有法律工作者共同的意识——比如，通过法律实践活动，使族群个性、族群关系和国家同一性在日常生活层面得到恰当安排，使价值追求、制度规范、日常生活统一起来，在将多民族国家建设成为一个形而上的价值共同体的同时，通过形而下的生活团结起来形成法律共同体——是需要进一步细化研究的。

3. 统一法制

中国法学本土化必然要解决作为法律共同体的中国的特质是什么，这是一个不易回答却又非常重要的问题。只有明确了这一点，才能明白统一法制的内核是什么，其与内部文化多样性之间的关系如何处理。本书以为，不管是作为历史上形成的连续性的文明共同体，还是近代以来受西方话语影响并以民族国家形象被理解的政治法律共同体，在多元文化背景下和全球化背景下，中国的理解、中国内部具体问题的解决要从公共性建设入手，在公共性建设领域滋养沉淀出共同性。

从形式意义上看，统一法制意味着规范层面上的统一。在"一国、两制、三法系、四法域"的语境下，祖国大陆（内地）、台湾、香港、澳门地区四个法域之间具体的法律政策、立法与司法制度有所差异，但可以形成一个包容性的法律体系，在一个统一的主权国家——中国范围内，形成一个以宪法为顶点的法律体系。所有的规范和具体的结构都是从根本规范推导出来，形成一个统一的包容性的法律体系和法律制度，使法律规范体系化和统一化。

从实质内容方面考虑，法制统一意味着法律共同体是一个意义统一体。虽然具体制度有所不同，但体现了现实中国作为一个统一国家、一个历史文化连续体的共同生活习俗、生活伦理、价值观念；法律解释者对于"一国"的内涵应

---

① 费孝通：《中华民族多元一体格局》，中央民族大学出版社 1999 年版，第 3～38 页。

当有共同的认知，并维护促进这种多样性中的共同性。这一点学界已有各种表述，比如各族群关系“你中有我、我中有你”“经济生活的互相依赖，谁也离不开谁”“各具特长又彼此学习”以及近代以来的“同呼吸共命运”等，但这些描述给人的印象并不清晰，尤其是“多元一体”中的“一体”被理解为中国/中华民族，但中华民族共同体的精神特质是什么，明乎此，法律解释活动才得以顺利进行。无论是立足于世界范围内还是立足于国家范围内，中国/中华民族多样性中的共同性的发现与维护有助于理解“中国是什么”，包括：民族共同价值的发现与维护、公共生活中的生活习俗、生活伦理，私人生活中的公共伦理要求及其对于私人自治的限制等，以及对“作为方法的中国”本身思考问题、解决问题的方式等。对这些共同性涉及的内容，如果没有法治化的法律解释活动有意识地维护，中国同一性与中华民族共同性只能由各种族群文化、各个个体自行通过言行予以表述了。

四、研究方法

1. 实证研究方法

具体包括：一是规范分析法学的研究方法。通过对个案的分析，发现纠纷解决过程中纠纷参与者对于族群文化个性和国家同一性/公共性的有意或者无意的表达，尤其是法官是怎样通过法律解释方法的场景化运用，挖掘多元族群文化的理论机能和其所包含的公共性，并以一种具体化的、可以操作的方式将其糅合进统一法制框架之中，将生活中的多元文化个性转换为规范法学视野中可以操作的要素，在法律理论本土化方面进行实践。

二是通过田野方法获得第一手的实证资料。因为涉及族群文化，案例总是在特定的文化语境中发生和解决的，在本书中会将获得的田野资料通过讲故事的方式，展现出来。讲故事方式的最大优点是将语境比较饱满地凸显出来，讲故事的方式天然地蕴含了语境，能够取得案例分析方法所不能达到的效果，在凸显文化与法律的关系方面有其独特的重要性。

三是对于民族自治地方立法机关就本地方经济、政治与社会等领域的自治立法进行了详细地阅读比较，期待从中发现对于国家统一法制与本族群文化、中华民族文化与族群文化关系的理解。

2. 概念考察方法

概念考察方法是分析实证主义法学的主要方法之一，这种方法与分析哲学有密切关系。对于某一概念可以用语词、短语或者一段话表达，但是，把概念笼统地划分为专业概念和日常概念的做法容易引起误解；要使其有效，需要界定这种划分方法的适用范围。因为这意味专业概念可能会与日常生活越来越远，而与文本自身形成一个整体，这固然使法律移植成为可能。但法律概念本身并不是脱离社会的、仅限于文本中的存在，概念的含义本身包含了语境信息，对其含义需要在社会生活语境或者说实践语境中把握，但社会生活语境本身过于宽泛，可以选择从日常概念入手。因为日常概念恰恰是民族文化的价值观、思维方式的集中表现。当然，这只是说明，对于法律概念的把握不能脱离日常意义，依托概念的日常理解最后完成法律概念体系的本土化重构。整体而言，现代法律概念体系是以主体性、主体间性为前提和基础的，但中国的日常概念体系却是在关系框架中确定主体性，蕴含着本土的语境信息，这一点在解释法律概念时不能被忽视。

这里涉及对于人文社科知识性质的理解。受休谟关于事实与价值之间关系判断的影响，认为“是”推不出“应当”，但对于具有超越性质的价值问题的探讨需要放在生活事实中才显得其更能接地气，更加牢靠。而且休谟判断的有效性范围应当限定在自然科学领域，自然科学是人与世界之间的对话，人文社科的话语体系反映的是人与人之间的对话，人与人之间最大差别来自价值观，人文社科知识是在对话的基础上形成的知识，事实与价值、知与行很难分开。从法学领域看，就是对于价值问题需要立法事实、司法事实乃至文化生活中具体材料的支持。总之，概念虽“小”，其实涉及价值问题、知识问题和方法问题，优点在于使微观操作与宏观上的人文关怀相结合。对此，考夫曼也曾简单地提过几句，但没有具体展开，大意是说法律哲学主要通过思辨方式，也可以通过分析具体案例、事件的方式进行。[①] 本书深以为然，并力图避免在价值问题的探讨上采用已经被习以为常，但又谁也说服不了谁的思辨方式，而是通过具体的实例、案例来达成对价值问题的关切，并采用日常语言哲学的语义分析方法，以避免在探讨价值问题时流于虚化、泛化。

---

① [德]阿图尔·考夫曼：《法律哲学》，刘幸义等译，法律出版社2011年版，第10页。

五、关于调研情况的简要说明

如上所说,我们对于习惯法与制定法进而对族群文化与国家统一法制总体上保持了一种持续的关注,在田野调查方面也做了些工作,在本书的第四章第一、二部分准备从纠纷解决过程的权威组织以及两种规则之间互动过程中的公共性视角进行论述。这里先对相关情况作简要说明,为正文的陈述做些铺垫。我们的调研包括了两种族群文化:藏族习惯法文化和回族习惯法文化。

首先是藏族习惯法文化。虽然课题组成员多数生活在多元族群文化氛围很浓厚的地方,平时也喜欢阅读一些这方面的书籍,比如佛教哲学、藏传佛教与青藏高原之类的书籍。但第一次严肃的、有组织的调研活动却是后来的事。在2007 年 7 月下旬,课题组成员参与了一项针对一个藏族村落——甘肃卓尼县拉力沟自然村的调研活动,调研组一行 10 人分属于不同的学科专业,分成了 3 个小组,访问了全村 102 户村民,对村里的每个居民进行访问。为了使访谈顺利深入进行,调研组成员与村民一起吃住、共同劳动,白天与村民一起在田地里劳动,如果田间没事,就对村民展开访谈工作。晚上,调研组成员要对各小组的情况做个汇报,发现问题,提出解决思路。对一些重要人物比如村干部、小学教师、医生、长者、外出打工者、经商者或某个活动的组织者进行了多次访问;对村民关注的焦点事件、人物进行重点访谈,虽然很多时候,内容有重复,但也是不同人从不同视角进行思考。这次调研,总体上持续了 1 个月,其中有 3 位成员坚持了 3 个月时间,到 10 月底才离开拉力沟。调研总共获得了 300 万字的口述资料,对这个村的历史、现状、政治、经济、文化获得了真切的感受和认知,更主要的是通过将其作为一个样本进而对甘南,乃至青藏高原的故事加深了认识。之后,调查者以这些素材为基础从各自的学科视角发表了一些研究成果,还申请了一些课题。之后,我们坚持了对拉力沟村的持续性关注,参加了拉力沟村的一些重要活动。在第四章的第一、二部分对此有涉及。

关于回族习惯法文化的调研,我们将注意力重点放在“牛肉面”向外拓展过程中“故事”的调研上。在我们看来,“一碗面”向外寻求发展空间的过程表现了一种具有个性的族群性文化、地方性文化在走向全国乃至更大的交往空间过程中,与其他文化进行了生动和富有深度的互动交流。我们对于“牛肉面”从西北的青海省和甘肃省向东部以及沿海地区拓展市场过程中引发的族群文化(习惯法)与现代法律之间关系的考察纯属偶然。调研组成员之一来自北方,在广州市工作。1998年,他初来广州时,还为吃不到面条发愁。然而就在之后不太长的时间里,在广州市的大街小巷里出现了很多冠名“兰州拉面”“化隆拉面”,或者干脆只有“拉面馆”三个字招牌的餐馆。每个餐馆规模大不,餐馆的经营者和服务员基本上是来自青海化隆的穆斯林。

在最初,我们并未意识到拉面竟然还能与习惯法、族群文化等字眼扯上关系,对这个群体的学术方面产生兴趣是后来的事。仅仅是在与这些人的聊天中获知这些餐馆的基本经营模式主要是家庭式经营,因而规模大多不大。与化隆县驻穗办同志闲聊中我们知道了化隆经营拉面馆群体的规模:在广州市开设的832家拉面馆都是化隆人在经营;化隆人在武汉、厦门、广州、东莞、珠海、中山、郑州、石家庄、上海、大连等全国271个大中城市经营拉面馆1443家。① 据化隆县政府的资料,在20世纪80年代中期至90年代初,该县阿什努、原加合等乡镇的农民韩录、马乙卜拉、冶二买等人到厦门市开办第一批清真拉面馆,成为第一批“吃螃蟹”的人;广州市化隆籍拉面馆从业群体无疑是众多流动人口中的一部分,有四五千人。这些群体在广州市的生活网络、社会交往的特点的逐步显露,使我们意识到,这是一个具有学术研究意义的问题。

在广州这个陌生人社会中,拉面馆经营群体的经营活动、社会交往、日常生活却表现出了非常明显的熟人社会的特质,简要地说,血缘、地缘和教缘在他们的人际交往的每个方面都发挥了非常重要的作用。在我们的理解中,每个人来到一个陌生的城市,除地缘性的老乡关系外,慢慢地会在这个城市建立自己的业缘关系,但是,对于化隆拉面馆业主们而言,血缘、地缘、教缘与业缘是重叠交错在一起的,这说明他们把这些关系“移植”到了陌生的城市。为此,我们先后三次到青海化隆对这些拉面馆经营者曾经生活的地方进行了调研。

2008年8月,我们首先到化隆县相关政府部门调研。在化隆县就业局,通过工作人员的介绍我们知道了“拉面经济”这个概念。化隆县自然禀赋差,经营拉面成为当地农民的主要收入来源,也是县里的支柱产业。因此,县政府采取了各种措施,包括外出打工人员技能培训、政策与法律培训、拉面形象设计、提供咨询服务等。这次调研因为化隆县有体育比赛,县城里宾馆旅店数量少,

① 根据第六次人口普查数据,全县总人口30万人。

全部被住满了。我们只好到邻近的循化县解决住宿。因为住宿原因,这次调研时间不够。

2009 年 7 月底,我们选取了化隆县的两个乡镇去调研。首先去的是位于崇山峻岭间的德恒隆乡。我们从地势比较低的县城坐车出发,经两个半小时的蜿蜒爬行到了山顶后又一路缓慢下行,到达了在半山腰的德恒隆乡派出所。所长非常热情地接待了我们,不过他对我们的调研并不乐观,断言我们的调研"坚持不了几天"。我们自然心里不服。当所长把我们送到一个山脚下的"黄吾具村"村长家里的时候,我们终于明白所长所言非虚。我们碰到了交流上的困难。这里的回族村民懂藏语的居多,用普通话交流比较困难,只有几位到外面打工回来的年轻人还能进行简单交流。村民们很朴实,多数不善言辞,还有些腼腆,看我们这些陌生人上去搭讪,笑一笑就走开了。聊以安慰的是,我们通过对村警务室 23 岁的警察的访问,获得了对这个村的大致了解,经允许,对村里发生的几件纠纷及记录其解决过程的档案进行了阅读。离开德恒隆乡,我们去了群科镇。这里情形与德恒隆乡完全不同,地处黄河岸边,地势平坦,村民们从事灌溉农业,国道从镇里穿过,每个村都修了路,村民们开朗健谈。在群科镇,我们走访了劳动与就业委员会、镇司法所,还走访了向东村村委会及其成员、村警务室,访问了村里的阿訇和村里老人,对这个村的人们依靠拉面技艺打拼谋生的过程有了一个比较清晰的认识,也对拉面经营者群体的人际关系网络的维持机制及其深层原因有了一个明确的答案。

在青海化隆人向外拓展拉面市场的过程中,还需要提及的是从甘肃省出去的"兰州牛肉面",甘肃人经营的"兰州牛肉面"的大规模向外拓展似乎要晚一些,但发展很快。"兰州牛肉面"向外拓展过程中,被外界也称为"兰州拉面"。[①]在上述不少城市,先到的"青海拉面"和后到的"兰州牛肉面"从 2012 年起慢慢出现了利益的纷争,直到 2015 年 6 月在深圳、上海等地出现了所谓"甘拉"与"青拉"之间比较严重的冲突,引起了社会的高度关注。族群性知识、地方性知识在统一的市场规则中均面临相互之间的协调问题。在调研中我们也听到了广州市不同执法部门的同志对于"拉面馆"的反馈意见。这些部门涉及范围很

---

① 外地人以及媒体也称为"兰州拉面",为了区别,简称为"甘拉"。当然拉面是外地人的统称,甘肃人自己对于拉面和牛肉面是有明确区分的。

宽泛,包括工商局、劳动局、宗教局、公安局、税务局、街道办、居委会、消防局、环卫局等,甚至还有政协、人大和统战部门。

然而,我们不太确信的是我们从事的研究毕竟是少数民族族群文化对于纠纷解决的影响,拉面馆群体的纠纷发生及其解决是在异地的城市里展开的,为了使研究更可靠,我们又选取了甘肃省临潭县城关镇进行调研,走访了老人、阿訇、司法所,以作补充。

我们对于田野调查中的口述资料都进行了录音,最后转化成文字形式。课题组成员对于一些资料已经进行整理发表。对于本课题而言,因为有些口述资料已被课题组成员以不同的形式发表,所以在本研究中,我们尽可能避免重复运用已为其他成员所采用的口述资料,非用不可的口述资料以书面语言的方式讲述出来,并且限定在族群文化互动与公共性的建设这个主题上。

最后,为了方便第四章第一、二部分的理解和行文需要,在此有必要对回族的文化特征做一个简要交代。

回族是一个以伊斯兰教信仰为文化认同和精神内核的族群。这种文化精神在与不同空间中的经济文化类型、不同的生计方式、不同的区域性文化的结合中呈现了“寺·坊”结合结构。大分散于全国空间区域的回族在每个具体的地点又以一个一个的“回坊”(回族社区)的空间居住形态表现出来。回坊由家庭和个人组成,彼此之间进行物质层面的交流,坊内的精神内聚力由清真寺表现出来。大分散不能简单理解为回族文化为了适应不同空间的特点做出的适应性调整,从而表现出了区域性的多样性,它还意味着,这些散布于各地方的回族社区之间并非割裂的。正如学者所言,不同地方的回族社区之间的交流包括了生活的方方面面,形成了一个网络体系,即“以流动的市场中的商人为纽带的经济网络体系,以流动的阿訇、满拉为主体的经堂教育网络体系,以族内婚、教内婚为主的婚姻网络体系,以清真寺等宗教组织为主的跨区域交往体系,回族报刊媒体网络体系,以回族民间社团为主的网络体系”①。这些不同内容的网络体系之间彼此互动、交错、重叠,保持了内部持久性的交流,强化着回族内部的认同,凸显了熟人社会的气质。这种内在气质是影响回族社会纠纷解决的重要因素之一。

---

① 杨文炯:《互动、调适与重构》,民族出版社2006年版,第239~363页。

结合拉面馆经营者的具体情况,我们就能看到这一点。拉面馆经营者依靠既有的亲缘关系与地缘关系等关系网络从偏远地带来到陌生的外部环境打拼谋生,需要对既有的社会关系网络进行位移、运用与重构。在所有影响拉面馆的因素中,第一位的是依赖于原有的亲缘、地缘和教缘关系所结成的友谊关系。从信息来源、经济资助、发展机会、餐馆装修、申办各种证件、经营技巧、店面转让等是以"亲带亲、邻帮邻"的方式进行的。这种流动中的熟人关系成为纠纷解决与秩序维持的重要特点和重要力量。但既有的资本即他们拥有的社会关系已不够用,他们的交往网络还触及户籍所在地宗教管理部门、宗教组织、协会、政府办事处和拉面馆所在地政府以及由于经营的需要而联系的各个原料供应点等,也就是说,围绕着拉面馆的经营建立"朋友"(业缘)关系是更为急迫的任务。这些社会资本节点之间互相磨合,彼此适应,共同构成了他们赖以生活的社会与文化环境,这些是完全不同于家乡的重构。[①] 品味这些鲜活的生活故事,我们可以发现统一性与多样性这对范畴在我国现代治理体系建设中独特的重要性。

六、创新与不足

本书试图在两个方面进行一些探索性的思考:将目光从学术界普遍关注的制定法与习惯法(民间规则)之间关系的思考,转向对多元族群文化之间的公共性与同一性的探索,这种公共性与同一性与每一个族群文化有关,但又超越了每一个具体的族群文化,这就是中国/中华文化。中华文化在逻辑上包含了两个层次的内容即每个族群文化的个性部分和所有族群文化的共性部分,是"多元"与"一体"的统一。从文化层面而言,"一体"是自生自发形成的生活化的东西,这个"一体"应成为国家统一法制中的文化基础,是作为法律共同体的民族国家的精神内核,是凝聚力的源泉;多样性则是国家保持活力的重要机制,对于多样性可以在宪法法律中"预留"出空间,在地方立法和自治立法中充分体现。

在研究方法方面,本研究有意识地运用了概念考察的两种具体方法,即概念分析与概念解释之间的区别及其关联进行了探讨,力争通过概念考察方法的

---

① 参见熊威:《社会网络的资本化》,兰州大学 2011 年博士学位论文,第 38 ~42 页。

运用实现法学本土化。概念分析方法与概念解释方法在我国的法律教材中均有体现。概念分析方法与英美分析哲学关系密切,在我国法学界中主要体现于法律本体论之"法律是什么""民法是什么""刑法是什么"等以此类推,长于建构概念体系,并通过分析作为意义单位的概念得以成立的正确性条件是什么来澄清概念的含义。概念解释方法从学术源流上说源于欧陆哲学解释学,我国的法律解释方法论受欧陆法学影响更大。由此可以看出我国法学"精神分裂"的程度有多么深刻。虽然学术界认为我们自己的传统与欧陆学统更为接近,但在本书看来,概念分析方法关注的是概念得以成立的正确性条件,这一思路更加有助于中国法学接近中国的实践本身或者概念的语境,概念解释方法掌握起来虽然相对容易一些,但其"视域融合"的特点决定了其不大关注概念得以成立的正确性条件,而是将其作为既定的前提予以接受,对这个前提自身的成立条件究竟是什么似乎不太关心,而是强调在"过去与现在""立法者与解释者"的视域融合中获得确定性和结果的可接受性。对于中国法学而言,既定的法律概念体系与本土语境之间的契合是一个前提性的东西,然后才会涉及视域融合与判决结果的可接受性问题。在这个意义上,本书更赞成概念分析方法,虽然分析传统对于我们来说是一个更加陌生的方法,但分析方法的有意识运用却能够更好地解决法律与文化土壤之间的匹配关系。

法律与文化土壤之间的适配关系是一个前沿性的难题,哲学社会科学的各个分支都在为此探索。在"中国是什么"的问题上,需要有一个总体性的把握,仅靠法学知识本身是难以胜任的。对于研究者而言,这意味着知识、素养和视野方面的高要求。尽管本研究的承担者根据自己未必正确的理解,尽可能学习掌握哲学的相关知识和民族政治学、历史学、语义学中的相关知识,力争拿出一个大致能够自圆其说的成果,但信息量如此之大,在知识和方法的融会贯通上均感觉有些吃力,论证中的各种缺陷只能期待通过以后的学习提高来减少。

第一章　语境主义与法律解释

一、语境思维与主体性问题

本书的目的是探讨使中国/中华民族的共同性得到维护、内部多样性得到尊重的法律解释活动得以进行的具体条件和具体内容。因此，法律解释作为一种活动得以展开的"语境"条件的考察就非常必要。在正式讨论之前，先表明以下观点：第一，对于语境的研究风格不仅涉及"是什么"的事实判断，还涉及"应当"之类的价值判断；处于认知情境中的认知主体"我是谁"和价值判断中的"我应当"是两个密切联系起来的问题。第二，在对"我认为""我理解"式对话风格的语境研究中，也应当将"是"与"应当"联系起来考察。第三，西方语用分析语境和解释学语境思维的共同特点是主体间性，这与我国文化传统中的关系结构思维并不一样，"关系结构中的主体"是主体进行思考的先验方法。语境之于法律学术和法律实践的意义在于其构成了后者得以顺利进行并无法逃避的"前见"。

（一）语境的三种理解[①]

尽管"语境"一词是哲学家弗雷格的贡献，[②]但无论是学

---

① 对语境的三种分类采用了徐杰的做法，但在具体理解上并不完全相同。参见徐杰：《哲学中的语境——语境发展的三条路径及层面性分析》，载《东北大学学报（社会科学版）》2011 年第 5 期。

② ［英］迈克尔·达米特：《分析哲学的起源》，王路译，上海译文出版社 2004 年版，第 6 页。

术研究还是人类的具体实践,语境作为一种现象却早已存在;在进行语言的意义研究时,需要有一种语境思维。当代西方哲学发展出了语用语境和解释学语境两条不同的思考路线,前者主要是指分析哲学,后者主要是指哲学解释学。虽然他们对语言本身的理解不尽相同,但都强调了语言的重要性。分析哲学把语言看作理解思想和世界的唯一或主要对象,哲学解释学则把语言看作把握思想的唯一方式。

1. 方法论意义上的语境

方法论意义上的语境是指语言或者表达方式的意义只有在具体的语境中才可以被掌握。这意味着一种整体性原则,亦即语境中的每一个基本要素包括词或者句子都不可能彼此孤立地存在,相反,它们都是整体语境中的一个有机组成部分。① 语境分析方法意味着就概念或者句子的理解而言,语言分析过程要放在特定的、具体的、确定的语境中进行。只有在一个确定的语境中,才可以在不同的层面上对可能的意义进行说明。② 这可以理解为:一个孤立的概念不是没有意义,而是在足够丰富的语言系统中展示了具有多种可能性的字典意义,以至人们无法孤立地把握它。因此,说不能孤立地把握一个概念的意义,就是在语境中询问一个概念的意义,语境构成了语词有确定意义的条件,意义就是语境条件中的意义。但这里的语境限于言内语境。概念指称的确定还要结合言说者的意图、背景条件与特定的社会语境条件,在此意义上,语境指向了言外语境。

从所运用的具体方法看,概念的共时性研究和概念的历时性研究是与哲学解释学的本体论立场相匹配的方法,将语言语义探究放在具体的时空场景中。概念史的研究实际上是要返回到语词的原始经验中,发现可能的意义域或者过去与现在的同时性,从而领悟其中的真实含义。解释学对概念的语义学意义的重视与分析哲学的日常语言分析十分接近,但对概念的经验层面的研究与人的历史性存在相联系。显然,分析哲学的概念分析传统有亲近科学的倾向,解释学的概念解释则有与科学保持距离的倾向。比如,伽达默尔的概念史研究主要通过对语言习惯和流行意义的追问,力戒对概念作固定化的理解,这与其对人

① 郭贵春:《语境分析的方法论意义》,载《山西大学学报(哲学社会科学版)》2000 年第 4 期。
② 胡瑞娜:《20 世纪反实在论语境分析方法的建构》,载《哲学研究》2005 年第 11 期。

文社会科学的独特认识有关。①

2. 知识论意义上的语境

知识论意义上的语境与哲学试图为知识找到一个可靠的基础有关。无论知识的生成还是辩护都与语境有关。主体对事物的认知随着语境的变化而变化,因此知识具有语境的差异性,同时,主体认知的社会维度和实践维度强调了在具体文化传统和社会环境中形成的知识具有动态性。当然,语境对于知识的重要性并不意味着语境对于知识具有一种决定性的作用,相反,语境只是为知识提供一种可能性的场域,以利于主体之间的开放性的交互理解。②

3. 本体论意义上的语境

本体论意义上的语境有两种含义:一是语境在本质上是一种整体性思维,即不是把对象作为孤立的个体,而是将其置于更广阔的语境整体之中进行审视和判断。语境是人类思考问题、认知对象的一种与生俱来的关系模式。当然,这种"整体论"在分析哲学的视野中并不是指把握整个世界或作为整体的现实存在,而是一种"语言的整体论",存在问题的本体论探讨在分析哲学中是被拒绝的。二是语境在本质上就是一种动态的关系结构,一种确定语言环境意义的关系网,具有本体论属性和价值论属性。在欧洲大陆哲学的视野中,使用一种语言意味着接受一套概念和价值,是一种与人的主体性无法分离的系统,亦即人是在语言中的存在。③

(二)分析、对话与主体性问题

在对分析哲学和欧洲大陆哲学关于语境研究风格进行比较时,可以将其简要概括为分析风格与对话风格。④ 前者注重对语言意义和语言使用进行阐释的科学性和正确性,属于一种知性思维;后者强调语言的非逻辑性、非工具性,尤其是语言对于人类生存所具有的人文关怀的本体论意义。这两种风格隐而不显渗透在法学研究中,影响着每一位参与者的立场、观点与方法,故有必要进行探讨。

---

① 何卫平:《概念史的分析:伽达默尔解释学的方法与实践》,载《中州学刊》2007年第2期。

② 徐杰:《哲学中的"语境"——语境发展的三条路径及层面性分析》,载《东北大学学报(社会科学版)》2011年第6期。

③ 参见郭贵春、成素梅:《语境论的科学哲学研究纲领》,载《哲学动态》2008年第5期;陈波:《分析哲学的价值》,载《中国社会科学》1997年第4期。

④ [美]R.罗蒂:《分析的哲学与对话的哲学》,韩东晖译,载《世界哲学》2003年第3期。

1. 潜在的对话："我知道"与分析方法

分析哲学以逻辑分析和语言分析精神见长，但不能说分析精神专属于分析哲学，它属于整个哲学传统，"后分析哲学"的出现，意味着分析哲学作为流派、思潮、运动渐渐隐退，但分析精神被传承下来。[①] 分析方法具有以下特点：

（1）分析是不同于解释的一种方法。即通过对语言的分析展开思想研究，探究意义的途径在于考察语言所凝聚的某些客观特征。语用语境论提出之后，对于语言、概念与世界之间的关系，换言之，对意义的寻找就不仅仅是限定于语言范围内的概念辨明和命题论证，而是转向了说话者在说出自己的话语时并不需要解释自己所说的这些话语的背景知识，而且在具体的场合中，说话者甚至无法做出理由说明。

（2）分析是不同于综合的一种方法。即将事物分析为最小的不可分的单位，分析方法与分析程序不能被理解为分析哲学的独有资产。作为方法，其指导思想是，以对具体问题的研究代替理性建构的宏大叙事，用更加客观的对语言的形式分析代替揭示思想内容的阐释，把概念和命题放在逻辑的显微镜下仔细考察，使概念意义清晰和命题表达准确，让思维过程可以得到验证，确定言说者所使用的概念是否清晰、判断是否准确和推理是否成立。[②]

（3）语言观。认为语句是语言的基本意义单位，思想的内容就是语句的意义。在人—语言—世界的关系上，发展后的分析哲学认为语言不仅是陈述事实和表征事实即认知功能，也在于传达思想。思想本身就是语言所表达的内容，或者是说话者以语言为中介传达给听话者的内容，也可以是听话者对话语的理解；但注重的是作为语言表达主体的个体所表达的内容。

（4）知识观。分析哲学的基本立场是把知识问题的探讨限于"言说出来"的语言领域，以实现知识的客观性。但批评者认为，知识本身就是在特定语境中生成的特定意向状态的外化，只有在语境的架构中我们才能对知识问题做出有效的说明。具体而言，知识的生产就是在实践语境中，言说者（作者）、听众（读者）、特定的历史文化背景和特定的物质环境共同作用的结果；知识的辩护就是为语言表达出来的某个知识命题提供根据或者理由，现时的社会实践语境

① 程广云、夏年喜：《分析哲学的分析》，载《世界哲学》2010 年第 6 期。

② 江怡：《"分析哲学"是什么以及能做什么》，载《学术月刊》2012 年第 5 期。

构成了知识的最后根据和理由。[①] 故文本的意义要结合作者的内在意图、作者把握背景的能力和作者写作时的特定场景而确定。探明文本意义是什么的过程,也就是对文本意义进行论证的过程。

(5)对认知意义的重视。分析风格的学术研究以概念的严谨性、清晰性和精确性为追求。分析过程的展开就是对意义的追寻,表现为认知—理解层面;另外,与价值—目的相关联的意义研究在一定程度上处于其视野之外。在此意义上,学界更多将分析视为科学主义的东西,因而更多与自然科学相联系。至此我们可以明白,当人们讨论分析实证主义法学和自然法学之间的对话时,两者各自的侧重与研究路径不同,就会产生法学是不是科学的疑问。"法律是什么"在两大哲学传统中会得到不太一样的回答。

尽管有学者认为分析哲学从最初的仅仅谈文本意义到注重言说者所欲表达的意义,是对人文本性的重视。但这仍旧是认知层面的意义,而非价值层面的意义。言说者的意向亦非主观任意,而是与社会规则习俗和物质环境一致的产物。

2. 公开的对话:"我理解"与历史对话

在强调理解主体对话沟通,但不能说"对话"就是大陆哲学专利的前提下,解释学可以被称为对话风格的哲学,其特点是:

(1)作为一种研究方法。语言意义的理解就是在言说者和理解者之间、过去和当下之间、不同的理解者之间的对话。意义存在于主体之间的历史性对话之中。解释的基本任务是对文本意义的理解,但不是对说话者或作者内心活动的重现,而是就文本向听者或读者所展现的世界意义的重建工作。

(2)语言观。与分析传统注重语言的认知功能不同,解释学倾向于将语言理解为交往的中介:第一,人与世界之间的中介,世界通过语言进入人的理解,呈现出意义,语言中的世界才是被人意识到的世界;人以语言的方式把握世界。第二,不同主体之间以语言为中介的交往。语言是人类存在的基本状态或方式,是人类无法摆脱的生存境况。人们通过语言交往形成了意义共享域和共同

① 参见江怡:《分析哲学与诠释学的共同话题》,载《山东大学学报》2007 年第 1 期;江怡:《分析哲学在中国》,载《中国社会科学》2000 年第 6 期;刘高岑:《语言、心智与世界》,山西大学 2004 年博士学位论文,第 77 ~ 100 页。

体理性。语言提供了一套概念系统和价值体系。

(3)重视对历史、社会与人文背景的探讨。人作为文本意义的理解者,是生活于具体的语境中,历史文化传统对于理解和解释具有重要性。伽达默尔认为,在严格意义上语词或语句的意义并不是永恒的,而是以具体存在的历史为条件,因此解释是无限展开的过程,是根据揭示存在的不同历史定位而进行不同理解的过程。

(4)客观性问题。解释学传统认为其研究对象是社会科学与人文现象,不能按照科学主义要求的因果关系、经验观察等确立客观性标准。人文社科领域的规范和价值其自身是有意义的,它们和主体意图以及文化传统保持着密切关系。社会科学的任务不仅是从行为和动机之间的因果关系正确地识别行为,更重要的是根据文化前提和主体意图来理解它的合理性及其内涵,也就是揭示行为者行为的意义。"成见"或"前理解"是理解得以可能的条件和前提,视域不同、提出的问题不同,理解也不同,只有不同的理解而没有更好的理解,超越研究者、解释者的文化和历史范围来考虑客观性不符合理解的历史性。

3. 不同的主体性

对于以分析风格见长的分析哲学而言,当言说者在表达"我知道"时,要求所言说的内容应该具备科学性。为了避免物理现象和心理现象的差异性、分殊性,分析哲学以语言为研究对象,在语言的层面寻求意义的普遍性和确定性,通过概念的辨析和界定、观点的论证来展开对意义的追问。这一切似乎是主体通过语言与世界之间的对话,使知识做到可靠性。其对语言的逻辑分析是为了讲道理,也就是对人际对话中每个言说者发言质量的要求。知识本身可靠性的辩护是对话沟通的保证,概念的辨明和观点的论证就是与潜在的对话者讲道理,"我知道"中的"我"就是一个理性平等的对话者,其对象就是一个潜在的对话者。虽然分析向度的意义追问具有单向度的理解—认知维度的特点,因而与目的—价值层面的意义距离稍远了些,但分析方法背后体现的言说主体的科学精神和平等理性的主体意识却是很分明的,以科学主义著称的分析方法显然与人文社科是可以联系在一起的。一个不讲论证不讲道理的价值标准和行为规范体系必然是与专断联系在一起的。这从根本上否定了人的主体性。

解释学传统的意义追问显然是针对文本对读者展现的世界意义的重建,以及在不同研究者和解释者对文本意义的"我认为""我理解"基础上的对话,而不是对于言说者或者作者的内心世界的重现。参与对话的主体为各种合法的前见所影响:(1)从共时性看,参与理解的对话者具有不同的身份、职业、修养、思想、性格,处于不同的文化背景、空间环境;(2)从历时性看,作为理解对象的文本产生于特定的历史语境,但理解和解释活动展开的时代背景、社会心理、文化传统思维方式等决定了理解展开的当下条件和文本生成的历史条件之间存在差异,所以需要沟通对话,达成共识;(3)与分析哲学所隐含的民主理性的言说者形象相比,解释学中参与理解对话的主体则是心理主义和历史主义基础上的自我反思主体,解释学反对忽视人类基本经验而一味主张高扬人的主体性的理性,认为文本意义不可归入某个先验的主体,而是从主体生命体验和历史过程中产生的。

(三)主体间性与关系结构中的主体

无论是分析传统的语境还是对话传统的语境,在本质上都是确定语言或者非语言因素的意义问题。当然意义问题和语境问题本身还是有区别的,对语境的研究是为了确定语言单位的意义,说明了意义整体对于语境整体的依赖。

1."我知道"与"我是谁":理性的自我

在分析哲学运用分析方法解决知识的合法性问题时,是解决"我知道"这个认知意义上的"是什么",关于"我是谁"和"我应当"其实没有在其中得到表达。这可能是分析哲学自己的"语言转向"和科学精神所致。但分析哲学运用科学精神解决人文社科领域问题的思维方式还是可以察觉出来。其解决问题的特点包括:(1)划界,即把语言与语言之外的东西划界,在概念与概念之间划界;(2)理想化,即通过语言把现实世界进行隔离的方式,仅仅分析语言这一思想形式;(3)形式化,即把语言与实际世界予以隔离,仅仅通过语言层面研究思想问题,把心理世界、物理世界与思想世界进行区分;(4)技术化与知识化,即以人工语言和自然语言的逻辑分析为技术手段,使哲学知识化。①

在近代以来关于国家、政治、宪法等的产生以及性质的契约理论中,我们可以看到语言分析的影子,其中"理性"的自我是逻辑出发点,从霍布斯、洛克、卢梭到罗尔斯基本如此。理性是指除了算计之外,还能为自己设定目标。价值问

---

① 杨国荣:《分析哲学与中国哲学》,载《中国哲学史》2009年第4期。

题将以契约的方式得到解决。[①] 分析哲学的语言分析方式在政治问题上的表现可以在罗尔斯身上表现出来，为了保证不同主体在正义原则问题上达成共识，罗尔斯设想了“无知之幕”，将参与主体从现实生活中的具体社会关系中抽离出来，将性别、年龄、贫富、社会地位、职业、种族等予以隔离，其中人是抽离现实世界的普遍化、抽象化、形式化的语言世界中的主体。看得见、可验证的正当程序则不仅具有处理事务的程序，也是如何达成共识的思维程序。

这一点在奥斯丁、凯尔逊、哈特等人的分析实证主义法学传统中也同样表现得很充分。分析实证主义法学关注的是运用语言分析方法，把不易把握的道德问题予以隔离，以解决法律推理的可靠性，以及解决“法律是什么”的问题。至于法律主体人格、公民、权利能力和行为能力等则是抽象化、理想化、形式化的语言单位。

如此看来，讲道理的“我”尽管在分析哲学以解决“我知道”的知识合法性问题中并不是关注的焦点，不管“我是谁”，要参与讨论就得遵循保证知识的合法性辩护要求，这才是关键。从语言分析方法在政治法律领域的运用可以得出结论，“我知道”背后隐而不显的“我”与准备进入政治契约世界和已经进入法律世界的“我是谁”显然在方法论上具有一致性，都是平等理性的对话者。从这个意义上讲，分析哲学是准备以科学主义精神和手段解决知识问题，在比较弱的意义上，至少与对目的—价值的探讨并不相抵触。

2.“我理解”与“我是谁”：历史的自我

解释学中有两个非常重要的关键词：效果历史和视域融合。所谓效果历史就是指，理解是特定历史语境与主体自身的结合。也就是说，理解者在进行解释工作的时候，并非一张白纸，而是已经带着由经验和传统不断叠加形成的前理解结构。所以，作为理解者的自我本身就是一个历史内容的“自我”。

视域融合是指解释主体在对文本理解的过程中总会存在两种视域，即文本所理解的视域和解释者自己先行具有的前理解结构。理解并不只是解释主体将自己置于文本所产生的历史及其语境之中，而是理解者已经具有了自己的前理解结构，这种前结构乃由持续性起作用的经验和传统不断叠加和积淀而成。

---

① 徐向东：《自由主义、社会契约论与政治辩护》，北京大学出版社 2005 年版，第 7 页。

3.“我是谁”与主体间性

至此,我们已经知道当代西方两大哲学传统对于主体的定位是不同的:一个是理性的自我,另一个则是历史的自我。但二者都承认主体的独立自主和理性能力。

如前所述,在分析哲学的传统里,通过语言把人与具体生活隔离开来,实现普遍化、形式化、抽象化的研究,价值论和知识论经由语言分析在自主的人和人的理性能力即方法论层面上统一起来了。这是把法学视为科学的主要理由,尤其是在自然法学和分析法学的意义上。

当说“人是理性的动物”时,把理性视为运用概念进行判断推理的能力,和把理性理解为自我设定目标、规划未来的能力的提法一样久远。第一种提法注重的是语言里的世界和事实,在分析哲学具有“家族相似性”的名单里有弗雷格、罗素、维特根斯坦、奎因、达米特、戴维森等名字,在分析实证主义法学的名单里则有边沁、奥斯丁、凯尔逊、哈特、拉兹等。第二种提法注重的是价值和意义,是对自然状态、自然权利和社会契约以及国家的起源的探讨,从格劳秀斯、霍布斯、洛克一直到罗尔斯再到富勒、德沃金等人都有所探讨。关注价值和意义的学者将自己的视点放在进入一个什么样的政治法律状态和国家体制,这是一个价值选择问题;怎样从前社会进入公民社会属于操作问题,虽然当时并没有提出明确的语言转向主张,但概念判断推理等逻辑能力是不可少的。只不过,当将注意力放在用语言表达出来的法律世界、法律价值和制度事实的时候,显然遵循了分析法学“法律是什么”的知识论层面的意义追问之路。如果一个学者坚持用法律外的价值标准对法律的内容作出要求时,则可以说,这个学者大体上走了自然法学“法律应当是什么”的价值论层面上的意义追问之路。

与此相反,解释学对于具有浓厚启蒙色彩的理性自我持批判态度。从理性自我观点出发的理解与解释活动,要求尊重作者原意,读者需运用各种方式来无限接近作者原意、还原作者的真实语境。解释学则认为自我是历史的自我,在海德格尔和伽达默尔的意义上,主体自身也是一个“被给予物”,是一个由具体环境、文化传统和时间之流所决定的意义体。历史因素对表达主体和理解主体构成了制约和补充。理解是建立在对于自我充分了解基础之上的与他人的相互理解。对生命的体验使主体之间的生命形成了一个关联域——一个各种生命体验可以互相交融的世界统一体。正是对生命的体验使解释跨越了作者和读者、文本生成环境和阅读环境之间的时空距离，构成了一个可以相互交流的共同体。意义不应当归入某个普遍意义上的理性主体，而是从生命的历史实在性中产生。

对于主体的被给予性，哈贝马斯进行了批判。哈贝马斯认为伽达默尔的解释学把理解者所在的传统（前解释结构、前见等）凝固化了。尽管理解者无法选择地处于"传统"之中，但这并不意味着解释者对传统缺乏反思批判能力。对解释者所在传统的反思与批判既能证实也能否定传统的正当性，只有经过反思，才能够达成主体间的理解与共识。理解是解释者、文本和作者共同参与其中的过程和事件，是不同的个性、差异之间展开对话的过程，而不是一个预设的和确定的结果的论证。① 为此，哈贝马斯还从社会批判的角度提出了伦理文化概念，意指不同文化传统各自特殊的生活方式，要紧的不是寻根进而找到与他人同根的感觉，而是学会理性进入民主程序等形式普遍性的政治文化。政治文化应当与亚文化及其前政治形成的文化认同脱钩。然而，从世界范围来看，对于宪法原则、法律原则的解释，都是从自身的历史传统与社会经验出发，在伦理上不可能保持不偏不倚。具体多样的生命体验如何可能成为对话平台？形式普遍性的政治文化又如何得到？

4. 关系结构中的主体

西方哲学的语言转向和文本研究的语境化，似乎表明了一种整体主义的发展趋势，以至于有一种似是而非的预言，即中国哲学与中国文化传统的时代到来了。应该说，其中有很多交叉重叠，但差异还是相当大，最重要的是在如何界定"我是谁"的思维程序问题上有重要差别，至于"我是谁"这样的身份确定问题与文化价值问题是思维程序的一个结果。学界比较一致的看法是中国文化传统中的"我"就是集体的一个小分子、螺丝钉，集体的价值标准就是"我"的价值标准。这种判断似乎过度强调了"我"的被给予性与历史性，而且给予了过多的负面评价。

所谓关系结构思维中的主体，想表明的是这样一层意思：中国传统文化在界定"我"的身份和文化价值方面遵循了一种自己的思维结构与程序，这种结构超越了时空，规范着中国人的思考方式。主体的身份确认和价值取向是在关

---

① 张彤：《西方解释学的历史演进及其最新发展》，载《求是学刊》2006 年第 6 期。

系结构中具体确定下来的。可以展开来说：

（1）“关系结构—主体”思维的规定性特征。关系结构思维不同于语境主义思维。语境思维中的自我无论是理性自我还是历史自我，主体界限是清晰的。但关系结构中的自我界限需要放在具体关系中的主体之间才能明确下来。每个主体可以做什么、不应该做什么，以及应该做什么都与自己在关系网络中的身份有关。在社会合作体系中，确定义务和权利，而不是主体有天赋权利之后进入合作体系——这是一个生来就孤立的存在。而在“关系结构—主体”的思维结构中，关系并不是主体以契约方式选择进入的，而是逻辑地先于主体。

（2）关系结构思维本身是一个辩证结构和网络结构。关系结构先于主体并不是说其可以独立于主体之外，关系结构本身也是由主体界定的。普遍性与特殊性是一个相对的具体情境中的概念。比如，个体之于群体、国家是特殊的，因而，撇开群体谈论个体利益、撇开国家利益谈论群体利益是一个违背关系共同体的共同性的行为；群体撇开个体、其他群体只谈论自己的利益也是破坏了共同性的行为。

但要说明的是，这并非意味着关系结构排斥普遍性，其对于公民权、公民身份、人权和人道主义等一些旨在张扬个体价值的制度设置是可以包含进来的。

（3）关于主体。主体可以是个体，也可以是群体，还可以是国家，从现在看来人类也应该算是一个主体。需着重说明的是，群体、国家、人类本身并不是关系结构本身，准确地说，对于一个群体，个体、国家与人类也构成了关系结构的另一面，尤其是群体相对于个体而言，个体的存在才能界定清楚一个群体。所谓集体利益、群体利益也要在关系结构中考虑，离开了关系结构，就成为脱离了具体情境的叙说。

从这个意义上说，离开个体谈论集体、离开集体谈论个体并不是关系结构的本意，只能是一种误解误用。尤其与近代以来整个国家的遭遇有关，当民族整体的生存成为问题时，民族国家意识被唤醒，作为整体的独立、富强、民主成为价值共识。

（4）价值选择问题。一个人的“自我”总是在人际交往中，是在那个具体的情境中，中国文化并不是缺少“自主性”的概念，而是这个概念总是处在一种具体情境中，这个“自我”并不是一个由处在关系结构之外的西式“权利”武装起来的个体，而是在具体场景、具体关系中个体化的。个人选择的核心首先是对群体共同价值的承诺——道德价值选择是中国传统文化中唯一的自主性概念，个人在这个价值空间中才有自由选择，这显然不同于脱离具体场景的自主决定、选择——一个自由主义的理性自主概念，也不同于大陆哲学中的历史自我。

（5）关系结构思维的历史贡献。在西方关于主体性的话语体系中，公共利益、社会团结、价值共识等的论证显得格外艰难，对话基础何在、价值共识如何建立？重叠共识、生命体验、交往理性等观点均凝聚着学者对于共同体的价值共识的思考。但这些问题都是以理性自我和欧陆式的文化自我为前设背景提出来的，中国文化则以关系结构思维和对群体共同价值的承诺维系着社会团结、价值共识和国家统一。

（6）客观基础。对于中国历史与文化共同性的解释学体系到现在仍是个困难。表面上，自然环境的多样性、人群的多样性以及对于社会组织形态、组织方式、制度应对与文化的多样性，致使中国内部历史发展道路存在区域性差异。但是如果就此说，多样性最终会否定同一性或者统一性（就像伽达默尔的解释论历史相对主义），却不是中国的实际。因为群体之间不管是出于和平状态，或者战争状态，之间会有一个互动，这种互动是相互自立的系统之间的相互学习，互动不是单方面的传播或者扩散，也未必一定指向有意识的统一性。但互动在本质上是相互学习、互相交流、相互依赖的文化过程，是将固有文化与外来文化结合起来的创造过程，[①]其间形成了一个超越自然生态的民族文化传统和关系结构思维。具体而言就是以畜牧为主的西北内陆和以农耕为主的东南沿海形成了一种共生互补的关系结构，农业社会内部形成了互助合作结构，这种关系结构保证了其中的个体和群体保持在彼此互动的关系结构中思考自己的定位，离开关系结构来思考自己必然会得出一个没有现实合法性的结论。因为离开了关系结构中的对方也意味着自己的终结。[②] 总之，关系结构思维有生态、经济基础，并与文化、政治相互支持，成为一份解决社会团结与国家统一的宝贵传统。但是如何解决团结，其程序如何设计则没有进行有效探讨。

（7）关系结构的哲学表达。中华文化中的“天人合一”为关系结构提供了哲学表述，将人的存在价值放在存在境域中考察。人的存在境域不是人类社

---

① 鲁西奇：《中国历史发展的五条区域性道路》，载《学术月刊》2011 年第 2 期。

② 张海洋：《中国的多元文化与中国人的认同》，民族出版社 2006 年版，第 229 ~ 243 页。

会,而是整个宇宙天地,它构成了中华文化的逻辑起点。人作为天地万物的一部分,应对天地万物这一整体负责,这就是中国人的价值取向。效法天地,从天地人的关系中推导出为人之道,是中国文化的价值取向,也是中国文化关于人的存在的基本价值取向。

简单总结一下,关系结构思维并不排斥主体性,但在中国文化传统的实践中,这一定是关系结构中的主体性。中国的解释学如果沿着西方式的主体间性思维,则意味着与我们自身的传统有些不合,也很难有什么好的效果。

二、概念考察方法与本土问题意识

如前所述,关于语境的不同研究态度和研究方法其实包含了一系列的预设和一组相关联的论断,尤其在关于"我是谁"的问题上显得格外重要。本节在方法论层面探讨概念考察方法与本土问题意识之间的关系。当然,本书是站在法律解释论的立场上对法学研究中具有基础地位的概念考察方法本身进行反思,目的是通过研究方法的恰当运用解决中国法学和中国法律实践面临的本土化问题。法学本土化所涉及的诸多难题已经在社科法学与法教义学的争论中多有揭示,涉及法律与社会的关系、法律多元与法律一元、法律知识的封闭性与开放性、两种不同的科学性、中国法学相对于其他国家法学的自主性问题、法学学科相对于其他学科的自主性问题等。① 此处对二者的争论不予详细列举检讨,而是通过方法论的反思,将上述争论内容一并纳入视野。基于第一部分的考察,在学术研究中,概念分析与概念解释其实存在深刻的分歧,因此称为规范法学其实是一种比较可行的路子,如果从构筑中国的法律解释学角度看,因为中国已经具有律学的传统,发展到现在对于法律解释学的提法也具有较高的可接受度。只是对于"解释"的定义需要打通英美分析哲学意义上的分析和欧洲大陆哲学解释学意义上的解释,做一种广义的理解。在中文里,解释这个词也能够把"interpretation"与"explanation"(内部视角的"是什么"和外部视角中的"为什么")概括进来并确立二者之间的联系,但须明白二者之间在操作方向上

① 有学者认为社科法学以经验社会学研究为主体,集结了由理论社会学、法经济学、价值法学的研究进路所组成的"非规范法学统一战线",法教义学则曾经被称为"概念法学""法条主义""注释法学""诠释法""法解释学"等对法律进行规范研究的进一步发展。参见谢海定:《法学研究进路的分化与合作——基于社科法学与法教义学的考察》,载《法商研究》2014 年第 3 期。

重要而细微的区别。

(一)概念的理解与理解的表达及论证

理解与分析、解释有密切关系,但存在微妙区别。当一个人说理解了一个事物或一个词,至少意味着能够说出这个事物或词的意义。展开说,说一个人他理解了一件事物或某个词,意味着:

第一,理解者理解了其意义,并能够表达出来。理解与否涉及理解能力本身以及理解能力的运用,但在表达出来以前,理解的内容是处在理解者的内心主观状态,"说"出来的过程就是一个客观化的过程,这个客观化过程表现为分析或者解释(interpretation)。

第二,人通过语言把握世界,当人表达关于世界经验现象的思想时,总是通过既有语言与概念系统进行,语言的范围也就是我们所认识的世界的范围,也是人类思想的载体;反过来说,世界以语言的形式存在。这是哲学语言转向的基本原因所在。分析法学、规范法学乃至法教义学等说法,基本的理论预设如同分析哲学与哲学解释学一样,即通过语言的逻辑研究把握世界。通过语言的研究旨在把语言与语言之外的经验现象和心理现象区分开来,避免经验现象和心理现象的差异性与分殊性,在哲学研究中实现普遍化和确定性。

第三,理解的内容需要用语言表达出来。未表达出来的理解只能是个人的感受。要将理解表达出来,需要合乎规则,即所谓言之成理持之有故,包括:首先对理解的内容"是什么"进行说明描述(言内语境意义上的解释,相当于英文里的 interpretation),还要解释(explanation,言外语境意义上)"为什么"作出这样的判断,根据在何处。也就是说,逻辑分析包括两个关键点:

一是概念的逻辑分析,对概念的含义和边界予以清晰化,亦即对象的规定性清晰化。概念的逻辑研究就是概念的逻辑分析,说明一个概念与其他概念之间的逻辑关系和概念自身的内在逻辑结构。概念之间的关系意味着理解一个概念时,概念体系以某种方式参与了理解活动,要理解的概念处于概念体系的某个位置上。概念自身的内在逻辑结构则意味着超越具体时空的思维共同特性,这不是追问事物的本源或者本质,而是在追问思维方式的最终根据。这种思维结构也是客观化的,此种意义上的可验证可反驳是指对于思维过程合法性的检验。

二是观点论证。理解的内容要表达出来,除了言之成理,还要言之有据,杜绝无法进入公共领域进行讨论的个人化的感受或者随感。言说者需要对自己为何如此理解给出理由。

这涉及对于"解释"一词的两种不同层次的日常理解:第一个层次是谈及对概念的理解时可以体现为对概念的言内语境意义上的解释,比如我们经常说概念解释,对于一个概念是什么的理解和解释,必然伴随相关概念的辨析活动。第二个层次是对于为什么如此"理解"的解释,也就是要求说明理由的活动,这是言外语境意义上的解释,是要求提供原初理由,而不是语言内的理由。显然,分析传统中的"分析"与大陆传统中的"解释"对于语言和逻辑的重视是含于其中的,有重合之处。但是如果向立法者提问为何如此规定,"你是如何理解的"时候,事实上是在追问某个概念或者某个规则得以成立的现实条件,而不是从规范体系之内找理由;而在司法场域要求理解者对如此理解的根据进行解释时,也是在提出论证要求,但显然把对概念体系的考察和概念与外部现象之间的联系一并纳入进来。①

对于"为什么如此理解"的追问,涉及了事实。以语言形式表达出来的作为知识体系和思想体系的法律规范体系,是在具体的实践环境中生成的。离开了实践语境的知识论证和思想论证,都会陷入僵局。在此意义上的概念考察将会表现出历史性或曰概念的历史考察。

(二)概念的彻底解释

1. 彻底解释的含义

彻底解释理论在哲学史上是由美国分析哲学家和语言学家戴维森所提出的有关意义分析的方法论。② 彻底解释要完成的任务是:如果对说话者所说的某句话不理解,则可以通过探讨说话人说出这句话时应当满足的必要条件来推出这句话的意思。这意味着语言的意义是与说话的语境联系在一起的。结合法律实践的实际,法律概念作为一个最基本的意义单位,困扰的问题往往是对于概念的意思不理解或者出现了不同的理解。在此情形下,可靠的做法就是进

① 中国司法实践中,对于某个对象是什么以及为什么作如此理解的表现形式是法院判决书中的"本院认为"。只是在作出具有本体论意味的"是什么"的判断后,判决书中对于"为什么"如此认为的解释显得不够,这受到了很多批评。也许其中包含了欧陆哲学解释学传统的影响,但对表达式与其成立的现实条件缺乏分析,是导致受批评的原因。若真如此,这已属于法学教育的问题。

② [美]唐纳德·戴维森:《对真理与解释的探究》(第2版),牟博、江怡译,中国人民大学出版社2007年版,第153~170页。

行彻底解释。换言之，对法律概念的理解不是从“我”的视角分析这个概念是什么意思，而是根据立法者使用这个概念或者说出某个规范时所要满足的条件推导出这个概念的意义。尤其是对概念的字面意义发生困扰无法决断的情形下，通过考察概念得以使用的语用语境，使概念意义清晰化。这种彻底解释的方法本质上是概念的语用语境分析方法，在一定程度上具有防止从“我”的视角解释提供根据或者理由时所具有的主观性和相对性的效果。

2. 概念的语用语境

概念的生成语境与语用语境并不相同。前者是概念发生学的探讨，后者则属于已经生成的概念在某一条规范或语句中使用时的特定语境。对于这一现象可以站在立法者立场上，用中文的语言表达式“我知道”，所以，“我才如此规定”予以描述。① “我知道”句式包含了立法者作为言说者、言说内容与言说条件之间的实践联系：

第一，立法者是基于过去的经验和当时的观察，发布了其相对于社会成员的权威性规定，表达了其意图；立法者对于所言说的法律规范与可能事态之间发生学上的关系的可靠性负有辩护责任。这意味着立法者不仅要对立法背景的实在性承担社会责任，并且对于事实陈述具有相当程度的确信。因为这是主体（立法者与解释者、不同的解释者）之间通过可观察的经验证据建立起对于概念意义的正当理解的基本条件。

第二，语用语境可以从两个不同层次观察，即假定条件与立法背景。立法背景是法学中现成的与假定条件密切关联的语词，但立法背景更加宏观，在整个法律文本的意义上可以如此，但在微观层面上，可操作性有点欠缺。尤其当谈论某一个概念或者规范的意义时，不如“假定条件”一词准确，简要说，就是立法者为什么如此规定或者使用某个概念的原初根据或者理由，语用这个概念明显地具有维特根斯坦的日常语言哲学的味道，即“意义就是用法”，也就是语言的意义需要在具体使用的环境中把握。

立法背景就是言外语境的影响与制约，具体分为社会—文化语境条件和表达主体自身的认知背景条件。社会—文化语境是诸如时代环境、社会心理、民

---

① 在表达者的立场上，如果要表达一些意思的时候，还可以有“我感觉”这一类句式。但“我感觉”表达式是极具诗意和主观心理感受的陈述，其内容并不具有知识的客观性、可靠性与可把握性。

族习俗、思维方式和文化传统等言说者所处的言外语境条件，支持立法者为什么如此规定，也使听者更好理解概念内容。言说者的认知背景指的是言说者的年龄、阅历、职业、性别、财产状况等，言说者作为认知主体，其认知背景能力的差异对于客观的社会—文化语境的认知会呈现差异。

第三，在前两个背景的作用下，一些现象和事实足够重要，引起关注，被识别出来，有必要通过立法加以规范，成为调整对象，概念化问题提上议事日程。

3. 概念表征功能的利用

经验现象或者事实引起关注，意味着此类现象或者事实已经为日常语言所描述和识别。这里涉及表征能力，即通过语言表达式表征经验现象或者事实的能力。这种能力包括两个方面：一是对于现象和事实的识别能力；二是理解与构造有意义的词和句子的能力。[①] 正是这种表征能力能够把主体基于实践的意向性加以表达从而成为知识。比如，我们通过日常语言将一些行为识别为“盗窃”，通过语言表达式对盗窃行为予以概念化构造，表达为“具有 × × × 的行为就是盗窃”，而“ × × × ”具有某种程度的可观察性特征。认识论意义上的对象识别的能力与语义学上的概念理解能力在主体意向性的实践基础上通过表达活动结合在一起。通过概念化构造，表达式获得了独立性，即便没有确切的外延(指称对象)，我们也能从该表达式中获知某个概念所包含的信息，这就是意义。也就是说，我们对“ × × × ”的认知归属概念盗窃之下，而不是固定地依附某一个被识别为盗窃的具体行为。正是这一特点，盗窃概念与指称对象之间形成了既相互联系又相互区别的关系，盗窃概念具有了规定性，一些已经发生的盗窃行为只是盗窃概念边界包含的现实化了的例子。

立法者正是便利地借助日常概念表征所欲调整的现象，并赋予价值评价，使调整对象按照立法者的意向(价值取向)发展。在这里，立法者通过立法表达的实践意向必须建立在对概念固有的认知功能与规训功能的尊重上。也正是这一点使概念的理解——认知意义维度、概念固有的评价引导与使用概念的目的——价值意义维度联系起来，但也有区分。以盗窃、抢劫、爆炸等概念为例，这些概念对于人们行为本身具有的评价、指引功能是历史积淀的结果，是基于对国家与社会的组织原则的认识而作出。立法者则根据其时代需要将其中

---

① 黄敏：《意向性视野中的意义理论》，华南师范大学 2004 年博士学位论文，第 112 ~ 127 页。

的某一些对象纳入立法调整,这就是立法目的,不能否定概念固有的评价意义,除非其准备以颠覆民族整体的价值观的方式创造一个新社会。例如,司法实践中 5000 元以上的贪污行为承担刑事责任,不意味着对于 5000 元以下贪污行为的提倡,这是贪污概念长期积淀起来的评价功能。从区别看,立法意图所欲调整的对象范围与概念固有的指称对象范围不会完全重合。

4. 假定条件与法律事实

(1)假定条件的认识论地位

从微观操作层面上,假定条件就是立法者使用一个概念的初始根据,也是对具体概念进行辩护的最后根据和理由。所以,假定条件充当了概念含义和概念使用之间联系起来的中介角色。① 当然,必须注意的是主体的存在,即假定条件与立法者意图之间的关系。上文已提及但仍有必要重复的是:一个日常概念不仅包含了普罗大众对于经验现象的识别、理解,还包括了继承下来的对于某个行为事实的评价,这是先于、独立于后来的立法者的东西。当立法者将日常概念转换为法律概念意味着立法者按照自己的意向(立法意图)对一些事实进行调整;法律概念的出现意味着立法者意图已经进入法律概念。否则,就不会有立法活动,除非立法活动是一种非理性的语言游戏。

从司法活动来看,假定条件意味着立法者与司法者之间共享了某些生活形式和某些生活经验,亦即说生活本身的延续性,这是他们彼此通过语言对话的前提,如果没有生活本身的延续,仅仅是反映在语言中的生活内容无法被理解活动所唤醒;也可以说,过去的生活沉淀在语言里,过去与现在通过语言联系在一起。这是探寻假定条件的认识论前提。

(2)假定条件的确定方式

确定使用概念的假定条件遇到的困难是:第一,时间距离。因为立法活动和释法活动处于两个不同的时间点,就要靠立法资料和历史资料去推断。第二,立法资料中基本上是对于立法的宏观背景进行的说明,在微观上要具有操作性的关于概念使用的假定条件并不能直接找到。第三,假定条件的确定方向。是从概念及其所在的规范语句过渡到假定条件还是从假定条件过渡到概念及其所在的规范语句。其中第三点最为主要,需要特别探讨。

---

① [英]迈克尔·达米特:《分析哲学的起源》,王路译,上海译文出版社 2016 年版,第 17 页。

从假定条件过渡到概念及其规范语句的方向，似乎是一个因果决定论式的推导过程。因为：①其采用了外延化方式列举出了所有可能想到的可观察可验证的经验证据。这不符合经济便捷原则。②与立法活动的性质不吻合，因为其把立法活动视为一个纯粹的记录与描述活动，并没有将立法理解成主体的意向性实践活动，没有从"是"过渡为"应当"。立法针对的是未来，面对的是可能世界与可能事态（法律事实）。③假定条件是从整个实践语境中挑选出一些因素为特定的概念进行辩护，这些因素本身也依赖于特定的实践语境。所以，辩护就得有个终点。④在认识论意义上，把概念与经验事实作了二元化理解，这本身是错误的。因为概念本身已经包含了人们的日常生活形式和生活实践。一句话，对于假定条件具体内容的挖掘只能立足于概念的内涵，其出发点也是概念内涵。

可以反过来看，一个概念的形成或者既有概念的内涵发生变化，与语境的形成有很大关系。语境的发生首先与事实的发生有关，一旦一个事实发生，或者一个可能事态变成事实，就会被语境吸收，成为推动言说者话语或者行动者如此行动的理由，成为构造新的事态的基础。这表现为概念的起源、语义演变、新含义的衍生和一些含义退出实际生活的过程。表达某一概念的词在法律文本中的含义与同一时期其他文本、辞书中的含义若有理解不同，则呈现法律文本中的应然与实际生活中的实然之间的差异。

语境的动态性特点决定了它不是一个能够得到确切表征的对象，对语境的描述往往是不完全的，语境作为诸多实例的集合，不能作定型化的理解，因此，语境无法独立给出。但其作为影响说话或者解释的基础性地位却是确定的。因为归属于概念的任何实例不能独立地通过概念认知意义以外的其他概念或者实例得到，语境与概念就进入了结构性关系之中。

（3）假定条件与预设对象①

虽然部分可观察到的经验事实已经在立法时随着日常概念以预设对象的形象进入法律概念的框架内，但并不是说没有进入立法者视野的经验事实就一

---

① 说明：预设对象与可能事态（法律事实）都可以表示能够为法律所欲调整的某个对象，但预设对象具有突出立法者调整意向的含义在内，而可能事态、法律事实具有强调文字所具有的客观涵义的意思。涵义与含义具有不同的方向性，前者重客观方面，后者重主观方面。

定被排除在概念内涵之外,预设对象与看到的对象之间不能等同,进入可能世界(法律世界)的是预设对象。其时的社会因素、物质环境等因素交织形成的立法背景、假定条件,以参与立法者意向形成并渗入其中的方式进入了法律概念,除了为可能世界与预设对象设定价值取向外,同时还模糊地限定了预设对象的范围。然而这不意味着假定条件就是预设对象,也不意味着立法意向就是预设对象本身,只能说立法行为是面向预设对象的意向性活动,也是依赖于预设对象的活动。要说明的是,没有哪一个特定的对象被预设,所预设的只是以形式化方式存在的对象,所有预设对象都在概念中被规定。法律概念的规定性很好地揭示了假定条件、立法意向与法律概念三者之间的相互影响、反映与依赖关系。

这么说的潜在含义是:从认知意义上看,立法意向和假定条件对概念具有依赖性,其范围不应当超出概念本身所能包含的认知意义与评价标准。虽然某一可能事态在文字意义上可以包括在概念结构之内,却与立法当时的实践语境明显不一致或者抵触,不能拿来作为证成立法者意向的证据,因而不能被当作预设对象,只能通过目的限缩解释的方法将其排除在外。

5. 概念的功能与可能事态(法律事实)

法律概念是立法者对日常概念所具的描述识别功能和构造功能便利地加以利用的结果。日常概念既具有给予性,又具有构造性。给予性反映了作为知识形式的日常概念对生活世界的依赖性。概念的性质、内容与特征取决于生活本身,因而保持了无限延展的特性;构造性意味着概念就是人类精神能力的体现,感觉经验本身就是概念性的。为了描述和识别经验必须利用概念的各种组合、隐喻等功能对新出现的现象加以构造识别。就经验是概念化了的经验而言,概念所具有的经验特征只是表明概念与生活世界的联系和自身的合法性,概念所包含的经验内容不等于经验生活本身,因为日常概念已经是一个形式概念,人们用概念进行识别的可观察可验证的具体存在对象,只不过是形式概念所涵摄的一个例子或者实例而已。这也是概念具有规范性功能的奥妙所在。当然,日常概念对生活的规范评价功能的具体发挥,有赖于人们的价值选择和长期的历史积淀。对于新出现的事项如何规范评价,日常概念无法自行解决,需要作为实践主体的人有意识地以舆论、道德、宗教和法律等方式赋予概念以新的价值评价功能。

法律概念巧妙地利用了日常概念的给予性与构造性。不过给予性和构造性对于法律概念来说还是意味着一些不同的东西。法律概念的给予性使法律概念与生活世界相联系,这当然是因为法律概念同时具有了日常概念的社会身份。构造性则意味着立法者的意向进入了法律概念体系,通过法律概念客观化了。这决定了法律概念与日常概念之间非常大的不同。日常概念的构造性是具有延展性的,以适应社会的发展,法律概念的构造性则意味着某种程度的封闭性,即立法者预设对象具有一定程度的封闭性。如果不承认这一点,也就否定了立法活动本身的必要性。矛盾经常性地出现在这里:一个被具有延展能力的日常概念所识别与构造、具有时空定位的具体对象是否属于法律概念的调整对象,是司法实践中的经常性难题。

文字所具有的独立于表达者的特征,可以使我们从理论上把文字能够“独立”表达的意义称为“字典意义”,立法者表达在文字中的叫“立法意图”,字典意义形成了对立法意图的结构性约束。通过概念的字典意义所能够指向的事实是可能事态,是抽象的、可能性的存在。立法者意图调整的对象(意向对象)不会超出可能事态的范围。又因为,立法者意图调整的对象都是存在于语境中的,语境构成了意向对象在其中出现的背景,这样一来,我们可以把概念的字典意义所限定的可能事态当成立法者意图调整的对象的语境,从而为立法者预设的调整对象划定了一个具有一定操作性的外部边界,摆脱了漫无边际无可把握的困扰。

(三)解释的时间维度:语用语境与解释语境

1.语境的变化:历史性、结构性以及价值性

在日常意义上,语境化过程是指当人们说到某些重要的事实已经发生时,意味着这些事实已经为人们所知道并用日常概念所描述和构造,成为语言语境内容,进而成为识别、构造其他新事态的基础。事实就是已经出现了的事态,未曾见过的、未曾发生的只能称为可能事态(法律事实)。如此,与日常概念相对应的事态就处于不同的时间序列和空间位置上。新出现的事实被吸收进语境时,已然存在的原来的事态(事实)也不发生变化,发生变化的只是随后构成的事态,这意味着先引入的事态(事实)选择了后引入的事态。所以,构成事态的行为本身是历史性的,由此语境也是历史性的;对概念起源、演变的考察本身包含了对事物发展变化的内在关照。

语境的变化也有可能是结构性的。新的事实的出现，要求既有的描述体系做出应对，比如修改日常概念的意义空间或者引入新的概念。这在立法领域是很常见的现象。

除了知识论层面上，语境的变化也有可能发生在目的—价值观层面。比如对于家庭观念、国家观念、民族观念、族群观念以及世界起源和人的生死观念的变化，并没有认知意义层次上的事态作为支持证据，但往往改变了概念的语境基础，以隐喻方式给出了关于什么是事实，什么是现实和现世的理解。

总之，语境的边界处于不停地变动和更迭之中，容易造成一种相对主义的不确定性错觉。实际上，语境论是形成了一种语言使用中的相对确定性和普遍连续性的统一。①

2. 解释语境：统一性与差异性问题

法律概念或者说法律文本的语用语境要求解释者站在立法当时的情境中对语词作出解释，并给出理由。从实际情况看，解释者也会经常性地站在现在的立场上根据现在的社会状况和实践目的展开解释，此为解释语境。偏重于站在听者、阅读者的立场上展开的解释，可以用中文表达式“原告认为”“被告认为”“本院认为”等予以描述。

（1）解释者要对作为意义单位的概念作出具有可接受性的解释。被认为是理解者和作者在时空差异、语词意义演变、思维方式、价值观念差异中，通过视域交融、利益博弈形成解释的结果。处于历史性沉默中的文本的语用语境条件在与解释者的各种背景语境因素相遇时，被激活相互作用，展开对话。

（2）概念意义的确定不是终极确定性，而是随着解释活动在不同语境下的开展，产生了特定语境中的确定性。这种确定性与启动概念解释活动的不同群体及其组合的人文的、历史的、社会的、心理的、宗教的因素相互勾连。字面上具有多种理解可能的概念在具体语境条件的综合影响下，意义空间得以划定或者固定；在具体语境条件下概念意义呈现的差别性只是意义的呈现方式，是与不同生活形式相匹配的结果。但无论如何，不会产生与字面意义相抵触，或者不具有的理解。

（3）概念的解释比较看重如下因素的影响：第一，言内语境的影响。一个

---

① 郭贵春：《语境的边界及其意义》，载《哲学研究》2009 年第 2 期。

概念(语词)具有某种特定的意义,在于这个概念对它所在的语句的意义作出了特定的贡献;语句的意义以某种系统的方式依赖于构成这个语句的那些概念的意义。第二,不同理解者所处的背景、自然地理环境、社会—文化语境、价值取向、文化传统。

(4)注重的是解释语境的差异性与解释结果的适应性和可接受性。解释者所在的生活世界和精神文化世界呈现了丰富的差异性,很难要求解释结果的整齐划一。这里就存在一个难题:对于一个多民族统一国家而言,如果强调差异性、适应性,统一性如何保证,统一的基点在何处?这将是理解统一法制最困扰之处。从世界范围来看,国家与国家之间的对话基础又在何处?本书先就文化间对话举一例子。

比如"权利"一词为中国传统文化所缺少,是个人自主与国家正当性的来源,在洋务运动时期选择性吸收为国家主体,并无独立的个人自主之意。1900年后,在中文词里个人开始成为权利的主体,然而此观念并不长久,新文化运动之后,中国人对个人权利观念与个人观念进行了重构,从此与西方拉开距离,成为中国式的权利。经过重构,中国当代权利的主体更倾向于群体,个人权利往往与一定的个人义务相关联。与此相关,"社会"一词在逻辑层面是个人自主性地依照契约建立起来的组织,但在中国文化中,社会是历史的先于个人的存在结构,个体处于结构之中。

3. 语用语境:传统的延续与变革问题

与解释语境不同,语用语境关注的是立法之时言语交往之中的语境规定性要素,并强调新的成分总是在旧的或者已有的成分基础上获得理解,以达至一种统一性和确定性。把概念意义的理解与解释放在立法当时的语境背景的方法似乎暗示了:(1)生活本身的延续性,认为解释者和立法者共享一个生活世界,这意味着某种共同的生活体验,一种真正的理解要求理解者与被理解者所想到的和看到的极为相似。(2)对于文化传统传承性的重视。如果这种看法成立,意味着概念的彻底解释方法把解释方法视为进行语言学习、文化传承的重要途径。把概念的识别置于对历史、社会与文化等背景的识别中进行,表现出了一种历史传承意识。(3)与前面相联系,这种解释方法还意味着试图通过时间纵向轴的延伸确立民族文化中的公共性问题。通过具有实证科学精神的语言分析方法将民族文化的生活理想与价值取向置于法律方法的有形观照之下,使科学精神与人文精神通过有效的解释方法获得统一。(4)某种原教旨主义、教条主义式思维倾向。

比较而言,把概念意义的解释放在解释活动进行时的整体语境中的方法在某种程度上意味着:(1)看重的是社会的发展与变革,如果一个国家的变革、革新成为主流的意识形态时,对概念解释语境的强调显然是一个相匹配的解释立场与解释方法。当然,对于文本的历史性与自我的历史性的哲学解释学观点能否推翻这一观点,还是可以探讨的。(2)工具主义法律观与工具主义思维在深层次上支持变革意识。(3)解释语境的看重,似乎与强调身体体验为主的直觉式思维和实用式思维的隐秘影响有一定关联,以注重实用、注重实效的价值取向为目标。①

(四)概念考察:规范性基础与法学本土化

就本书研究者的目力所及,中国法学本土化性问题包含了几个方面:一是主体地位及其确定方式问题,这在本章第一部分已经涉及。二是知识合法性问题,这是社科法学对法教义学最为诟病的地方,法教义学似乎拿不出有效的应对方案。三是在价值论层面上,法教义学还可能面临自然法学式的"以子之矛,攻子之盾"的提问,这也在我国学者的"历史法学"主张中表现出来,也就是中华民族自己对人生、生命、历史、社会等的精神体验与价值追求,现今的法教义学能否解决。一个主张内部研究的法教义学除了把这个问题交给立法论解决外,在解释论上有无作出贡献的能力。四是法学学科相对于其他学科的学科地位问题,在这点上法教义学因为自身的绵长历史以及独特方法的运用,较好地解决了社会学、经济学、历史学的挑战,反过来,坚持用社科方法的社科法学对此又有些为难。五是在方法论层面,一个能够解决如上争议的贯通性的研究方法似乎还没找到。和事佬式的"你好我好大家都好"的说法其实意味着没有形成法学共同体的共同意识。

1. 社科法学的方案、预设及问题

社科法学首先表现出的是对于近百年来中国法律与中国法学移植而来的历史与现状的反省。社科法学有一个基本判断,就是现有法学知识和法律体系不是中国土地上结出来的果。为此,社科法学以法学中国化为学术愿望,以经

① 张再林:《从现象学反观中国传统思维的双重性》,载《哲学研究》2012 年第 6 期。

验社会为切入点,亦即对于经验社会进行观察、记录或陈述,以此为基础发展自己的法学知识体系和法律体系。其中,似乎还隐含着我国文化传统中的“事实就是一切”以及现在比较熟悉的“实践是检验真理的唯一标准”和“民族的就是世界的”等需要仔细辨别其含义、明确其效力边界的格言对论证的隐隐约约的支持。总之,社科法学是将自己的知识根基建立在经验现实的基础上。其中还隐含了对于国家与社会二元论的接受,以及对于法教义学暗含的法律中心主义和一元论的指责。

社会科学直接以现象为对象的研究思路,坚持的是经验还原论的“给予论”的知识可验证、可反驳理论。这种理论逻辑包含的基础主义知识观早已受到了批判。因为经验社会是不可能独立于现有知识体系的,观察陈述并不能独立存在,也并非自我辨明,因为其总是借助于现有知识体系进入人们的视野,单向度地“经验输入—认识主体—本土化的知识输出”并没有准确描述知识与经验之间的复杂关系。本土知识与外来知识、观察知识与分析知识之间并不是界限分明的,知识的生成和修正是一个融主体的观察与主体对理论的运用为一体的过程。知识包含了经验世界的贡献与主体的创造。社科法学在知识的生成与修正中关注了外部世界对于知识的因果决定论影响,其实人类心智(知识)对于经验世界即知识向世界的适应方向也是知识增加的主要途径,规范法学恰恰走了这样一条道路。知识创新就是既有的知识元素在新的语境中加以新的匹配、联结、引申或者扩张,使之具有新的社会实践意义。更具体地说,新的实践语境下的事件、案例的处理,反映出了主体把自己所追求的意向性的意图渗透于知识话语之中,创造出新的语境意义。当然这种创造也并非任意而为,新的语境意义不能超出概念的“意义域”,这是一种渐进式的学术发展之路。

社科法学同样也没很好解决法学与其他学科的独立性问题,不加分析地引用波斯纳的“未来的法律要建立在统计学与社会学”的基础上并未有多大的说服力,而且波斯纳这句话的含义及其边界问题是要分辨的。社会学、经济学与法学之间的学科关联是怎样的,科学概念与法律概念之间的关系是什么?社会学、经济学提炼出的科学术语能否以及怎样转换成法律术语?这是我们教育的问题还是法教义学本身的问题,抑或知识结构与教育问题。当代网络、生化、金融等领域提出的难题是否能够归咎于法教义学？[①]

2. 法教义学的方案、预设及问题

法教义学在反驳社科法学的过程中，对于法学学科相对于其他学科的独立性给予了有说服力的回答。法教义学坚持以法律规范作为研究对象。法教义学并非反对所有的价值研究，而是主张关注通过制定法条文固定下来的客观化了的价值。制定法之外价值并不在法教义学的视野之内。这样的研究始终是以法律规范作为分析中心。[②] 规范分析包括概念分析和规则分析，概念分析是基础。概念分析方法只是以固化了特定价值的实在法为研究对象，而拒绝对法律内容的正义与否进行评价。对于立法与民间规范、地方习惯、行业规范等的关系在《民法典》等法律中有了明确规定，"法律中心、规范多元"作为一种理论概括已经被一些学者提出来，为现代治理体系提供了规范依据。

3. 日常概念和法律概念考察：低调平实的法学本土化之路

对于正义的思考应当建立在一个可靠的知识论基础上，可靠的知识基础又以可行的方法论作为保障，在主体—价值—知识—方法之间协调一致相互支撑。罗尔斯、哈贝马斯式的政治哲学设想经由政治上的正当程序，通过沟通协商形成价值共识。价值谈判、协商以及共识的达成如果离开了知识论的支撑就没有有效的基础，价值共识就缺少了支撑点，这种知识涉及了人与自然、人与人、身心关系等领域。而且，价值共识的深化与巩固依赖于人类共同体的日常活动。把法律哲学对于价值的关注可以采取语言哲学的"语义上溯"办法，即把难以把握的观念、价值与思想转换成概念考察，实现研究的客观性、可靠性和权威性，廓清法律价值、法律思想中的含混、错讹不清之处，避免价值争论沟通中经常出现的空洞、假争论乃至有些强词夺理的非理性现象。从低调平实的概念考察入手，达到反省制度、观念与思想的目的。这样一种分析，没有直接从价值观念入手来得激动人心，但其效果来得更为扎实、长久，对于缺乏以科学精神对待语词和概念的文化传统来说，尤其必要而且可行。

概念考察意味着需要认真对待概念。作为意义承载单位的概念，不仅具有知识论上的认知—知识意义，更有目的—价值论上的意义。概念考察的原本意

---

① 熊秉元：《论社科法学与教义法学之争》，载《华东政法大学学报》2014 年第 6 期。

② 魏治勋：《"规范分析"概念的分析》，载《法学论坛》2008 年第 4 期。

图是对正确使用概念的条件进行探讨。[①] 日常概念与经验世界的联系机制、法律概念与日常概念之间的联系机制是解开法律与社会之间奥秘的切入点。概念的日常意义和学科意义之间的衔接机制则可能是揭开规范法学与社会科学关系之谜的切入点。

三、汉语法律概念的作用机制[②]

西方法律理论受到了形而上学原子论的深度影响，共享了以字母文字表达系统为载体的概念分析方法，当概念分析方法普遍运用在以汉语汉字为底色的法学学术和法律实践中时，分析方法本身便开启了一场影响深远的跨文化之旅，构成了汉语法学的一部分。对于汉语法学界而言，汉语汉字是我们共享的工具与方法论，分析方法运用于汉语法律概念时意味着什么需要进行省思。本部分遵循“方法—内容”的路径，讨论三个层面的问题：首先对在汉语法学学术中已被广泛接受的本质主义概念观和概念分析方法以及其为了解决确定性与适应性所作出的努力进行反思；其次探讨汉语法律概念固有的整体性思维与本质主义传统的分析性思维之间的差异和互补关系；最后探讨汉语法律概念对于化解逻辑与现实之间矛盾的可能贡献以及法学的中国化问题。

（一）本质主义概念观与概念分析方法的难题

面对世界的多样性和变动性，西方哲学试图把握其统一性和不变性，追求事物的确定性，形成了渊元流长的形而上学传统，概念则是形而上学理念的技术表现。本质主义概念观认为，概念凝聚了同类事物具有的共同本质属性，概念本身就决定了对象因为什么特征而被归属于某一概念，或者说，某些对象被归于某一概念之下，是因为他们拥有某些共同的固定特征。现代法学为了实现确定性目标，运用了本质主义的原理及概念分析方法，即依据法律规定，运用法教义学原理对法律概念的逻辑结构以及要件要素进行分析，让某一待判定事件、行为和物品因为具备了某一概念的逻辑结构和要件要素特征而归于其下，从而完成归类和定性工作。对本质主义的概念观与概念分析方法至少可以提

---

① 江怡：《语言分析与概念分析》，载《外国语文》2011 年第 2 期。

② 在从日常概念到法律概念的过程中亦即日常概念和法律概念与对象的关系的考察中，除了思维层面的内容外，还包含了民族文化内容的法律化。本部分仅涉及思维方式，内容层面在第二章第三部分有论述。

出如下几个问题：

1. 概念的发生与概念的使用之间的紧张关系

概念对于对象本质的抓取，是一种以对象本身为基础来确定概念含义的思维方式。在发生学意义上，概念对于作为实例的对象之特征的描述能够使得自己对于其他对象具有规范性。对于概念含义给予性的关注，容易把过多的目光引向既有经验内容对于概念的决定作用和概念对于经验内容的符合性描述，在方法上也不是没有问题。因为我们无法穷尽所有的具体实例，故从有限的实例中能否真正给出事物的共同属性，运用归纳法提炼事物的共同本质属性是否可能，这是让本质主义概念观困扰的地方。但显而易见的语言实践表明，概念确实体现了对象所受到的约束。这种约束表现为：一个对象能否归属于一个概念之下，也就是说，概念起到了对事物的类属划分作用。如果不是本质主义的共同属性发生了约束规范作用，那么，概念自身所承载的约束性究竟是一种什么样的约束，概念的内涵究竟描述了什么，它是怎样产生的，这是一种什么样的约束机制？对概念的这种作用机制的挖掘，无疑具有必要性。因为概念作为历史记忆和概念作为归类标准之间的张力，在法学研究中以“社科法学和法教义学”、“政治宪法学和规范宪法学”和“法律的生命在于逻辑还是经验”等不同的学术论争形式表现出来。对此，我们可以大而化之地接受一种不偏不倚的说法，即“法律既是对过去的经验总结，也是对未来生活的规划”，但过去与未来之间是如何通过方法衔接起来的，却疑问重重。

2. 确定性与适应性之间的矛盾

如果承认世界是通过语言存在，通过语言可以解读世界的话，那么对概念的发生与概念的使用之间的紧张关系可以暂时置于一旁，径直通过概念分析来解决客观性与确定性问题。通过把概念分解为其组成要件要素以及相互之间的关系，并厘清其与其他关联概念之间的边界，我们可以明白该概念的正确使用条件以及该概念指向的对象的边界在何处。但是，概念的静态逻辑结构以及要件要素分析造成了概念的封闭僵化，处于两个邻近概念之间的事物经常性地发生归类上的难题。无论是判例法的同类案件理论，还是三段论推理结构中作为大前提所包含的概念要件要素与案件事实之间的比对工作更多的是在发现“相似性”。作为解决概念分析方法局限性的一种出路，从封闭的概念结构走向开放的概念结构，也非易事。因为径直从开放的要件要素理论入手带来的问题就是向何处开放，开放什么，边界在何处。维特根斯坦、哈特等人反对定义方法，强调“意义即使用”，似乎为概念分析找到了某种方向感和思维路线——使概念分析依赖于具体的整体语境。应当说，这一努力在一定程度上释放了概念可以发挥作用的空间，以解决法律概念确定性和适应性之间的内在紧张关系。但这样一来，就意味着要重新理解概念所承载的约束性条件的性质和功能，以及整体语境的性质。

3. 描述与建构之间的矛盾

除了强调概念分析与整体语境的互动，西方法律哲学还强调了概念分析与社会事实之间的互动，哈特等人就反对把概念分析理解为就概念谈概念，而强调通过概念分析把握制度与实践，这是自概念法学之后法律学术研究的自觉行动，对于汉语法学来说也是题中应有之义。但对西方法律哲学而言，在法律概念分析与社会事实之间建立起一个通道，并非易事。因为本质主义和概念分析方法对事物的理解是分析基础上的综合——是一种逻辑建构——而不是作为事物自身。如此一来，作为概念分析的对象其来自何处就不无疑问，进而缺乏现实内容的导入机制，形成了逻辑与现实之间的鸿沟，概念分析有陷入闭环游戏的嫌疑。对汉语法律概念单纯进行要件要素分析，自觉不自觉地放弃整体主义方法论时，就从根本上肢解了汉语汉字表述系统内含的哲学观。面对世界的多样性和变动性，中国传统哲学的态度区别于西方哲学传统，中国传统哲学不是抓取事物的静态结构和一些要件要素，而是自觉采取了接纳变化、顺应变化的态度。[①] 当我们运用汉语汉字表述法律概念时不能不考虑到汉语汉字本身包含的整体主义也是一种思维方式和方法论，其背后隐含独特的处事态度和处事方式——其与我们所熟知的“变则通，通则久”的通俗表述相印证。虽然时空已经变幻，但如果我们仍在使用汉语汉字写作交流，那么，它自身的处事态度和处事方式就仍然以一种不大容易察觉的方式支配着我们。

（二）语境主义对概念分析方法的弥补

从法律实践的目的性而言，对法律概念的理解显然不能止步于对现实世界给予性内容的历史记载和描述，而是也包括了对可能生活中对象（包括事件、行为和物品）的描述。这样，概念与对象之间的联系机制就需要重新理解，以

① 俞宣孟：《“本质”观念及其生存状态分析》，载《学术月刊》2010 年第 4 期。

解决概念的确定性与适应性之间的矛盾,最终建立逻辑与社会之间的通道,形成融贯性的解释。本部分就西方法律哲学就本质主义概念观的不足进行修正所做出的努力进行讨论。[①] 可以看出,西方法律哲学在逻辑内部来探寻解决之道,把语境解释为文本语境,将概念解释为对象的可能性;但逻辑与社会之间的沟通机制问题实际上还是没有解决。

1. 法律概念作为识别标准:从实例到可能对象

考察概念的使用状况,在提到某一概念时,某些对象已经被作为实例归于某一概念之下。实际上,只有某些对象在事实上已经被归于某一概念之下,才能谈得上概念的规范性。因为,这时概念与对象之间的结合获得了一种稳定性,以确保从已经确定的对象过渡到待判定的对象。由此也可以知道,人们实际使用概念的方式不是从一个事先给定的定义出发,来对照定义判断某个待判定的对象是否归属于某一个概念之下,而是从一个或一些已经归属于概念的实例出发,通过与这些实例的对比,来确定待判定对象是否属于某个概念。在待判定的对象与实例之间存在某种相关性即识别条件,使得该对象被归于某一概念之下。在人类获取识别条件过程中,实例做出了贡献。这里涉及人类的认识机制,具体是:一个概念同时包含了语义直觉和指称直觉,[②]在提到某一个概念时,人们会想到现实世界中的一些实例及其所包含的含义,但是概念并不依附于现实世界中为人们所熟悉的具体对象,而是说概念的含义描述了实例的一些特征,但概念的含义并非仅仅描述了实际上已经发生的对象(实例)的一些特征,而是也指向了有可能会重复出现的一些对象以及可能世界中的对象,这些对象可以是特定主体未曾经历的,但不能由此否定其他主体并未亲历或者不可

① 说明:笔者是从概念学说出发,讨论概念的确定性与适应性、概念的描述性与规范性之间的关系,而不是从规范及其目的出发,因而与利益法学、价值法学、法律现实主义运动的关注点有重合,但切入点不同。毋宁说,笔者对于哈特、维特根斯坦等人的学说更加关注。

② 在日常生活中,我们总是根据直觉进行选择或者行动,选择或行动具有直觉和非反思的特征,直觉知识在知识体系中具有基础地位。语言哲学中的语义理论将直觉作为确定名称指称对象的依据。直觉分为语义直觉和指称性直觉,它们分别是对概念含义和现实对象的直接反映,同时发挥作用。语义直觉又可以分为意向直觉和内涵直觉,前者是个体对语义的把握,有可能出错;后者是语言共同体统一所接受的对语义的把握。之所以如此,是因为对名称语义的意向直觉的把握涉及个人的理解问题,名称语义的内涵直觉则具有公共性和稳定性,是一种人际对话和行为交往之中的预设,具有个体性的意向直觉要接受内涵直觉的公共约束。否则,个人的言语行为就仅仅属于个人,无法与他人进行社会交往。参见何向东、张存建:《名称指称的一种推理解释》,载《西南大学学报》2013 年第 2 期。

能经历。在这里,概念的发生与使用形成了一种衔接与转换,换一种表述,对象并不限于现实世界之中而是处于可能世界之中。如果可能世界就是立法者通过法律规范所描述的关于世界的图像,对象则是可能世界中的组成部分。因而可以说,概念所指称的对象范围包括了已经发生的实例,也包括了可能生活中的待判定对象。一个待判定的对象是否归于某一概念之下,是通过比对生活中出现过的实例,找出"相似性"。对象具有如下特点:

对象分属于不同的可能世界,可能发生也可能不发生;如果已经出现了,则属于生活世界的实例。但是,法律概念不会指向可能生活中根本不同的对象,也不会指称完全相同的对象。法律概念的含义所描述的识别条件与出现在不同可能生活中的对象之间,不会根本不同,也不会完全相同,而是部分相同。

法律世界所描述的可能对象与现实生活中的实际对象在本体论上具有某种"相似性"。这种相似性是建立连结点的根本依据,在微观上以法律概念所负载的识别条件作为纽带。我们在判断某一个对象是否属于某一概念时,不以某些固定的特征为基础,而是以不必固定化的某些特征为基础进行推理,这表现了概念对于对象的约束是一种模态约束,而不是固定不变的形而上学约束。至于究竟是运用哪个或者哪些特征在待判定的对象的"归入"中发挥作用,要在具体情境中把握,因为对象总是在具体的情境中出现,在此一情境中凸显的某个对象 A 的某个特征在纳入某个概念时需要特别考虑,并不意味着在另一情境中出现的具有类似特征的对象 B 在归于同一个概念之下时也应当给予同等程度的关注。概念所包含的不必固定的特征会引出一个问题:从何处发现这些不必固定的特征,因为下定义意味着是固定了特征的。"语义空间"似乎对概念分析可以起到指引和制约作用——法律解释方法中的"文义射程"这一术语表明概念所具备的弹性空间覆盖了一定范围的事物。这意味着,概念与对象之间的联系不是随意的、相对的和可变的,概念能够包含的特征和不能包含的特征还是清楚的,只不过在将对象归入概念的过程中,并非存在完全相同且固定不变的逻辑结构——并不是一些特征和另外一些特征相比一直处于重要地位、另外一些特征处于不重要的地位。但对字母文字而言,语词的意义分析与概念分析都意味着某种形式的定义,因而是一种共同的操作技术。

2. 法律概念的文本语境

法律概念所指向的可能对象与具体的时空条件之间的关联关系也不是随

意的，就法律解释实践而言，这首先涉及作为法律规则，作为法律概念的语境所发挥的作用。[①] 在法律规则的逻辑构成中，“假定”部分的各个要件要素作为法律概念的指称对象进入了一种特定的关系之中，构成了一种法律上的事实状态，并被赋予一定的法律后果。法律概念指向了一定范围的可能对象，各个要件要素之间的组合可能性对于法律概念所指向的可能对象构成了语境上的进一步约束。这表明，对象所受到的逻辑约束不仅来自单个的法律概念自身，也来自法律概念之间的关联可能性，因为法律概念之间的组合构成了能够引起法律效果的法律事实，从整体方面限定了对象的范围。这揭示了法律规则与法律概念之间的联系与区别：法律规则指向的是法律事实，法律事实只能用法律规则来描述；在法律规则的逻辑结构中，被定型化的法律事实还被赋予了法律上的评价即法律后果，以体现立法者的实践目的和价值选择。离开了法律规则，目的性便没有依托，概念只能是随意飘零的“孤子”。

至此可以看出，西方哲学为了解决本质主义的概念分析方法面临的困境而提出的“意义即使用”的语境论，[②]以及作为技术手段的语用分析技术，都不过是对整体主义的一种回归，这种整体可能是法律规则以及更大的篇章结构，是对法解释学中体系解释方法的本体论说明，其间依循自身学术传统继续向前探索的印迹清晰可见。应当说，这种思路在当下的汉语法学中亦得到了相当关注和认可，对于保证法律体系内部的融贯性功不可没。但是在这种思路中，分析的语境就是分析建构的整体，整体是分析基础上的整体即“部分之和等于整体”，无论是法律概念所指向的对象还是法律规则所指向的法律事实都是分析建构的结果，并不等于对象自身和社会事实，模态逻辑勾画的可能性较之传统形而上学的确定性而言确实进步很大，但其与经验现实的丰富性和整体性之间还是遮蔽了一些东西。笔者并不是要混同逻辑与现实、理论与实践进而使逻辑与理论依附于现实和实践，而是坚持在区分二者的各自边界时，也要在二者之间建立起联系的渠道，在笔者看来，虽然西方哲学中已经有学者提出经验直觉

---

① 江怡认为概念分析包括概念内部的组成成分之间的内在关联和该概念本身与其他概念之间的相互关系。就法律实务而言，笔者认为一个概念与其他概念之间的关系首先是进入一个法律规则之内形成特定组合的各个概念之间的关系，然后才涉及与法律规则之外的其他概念之间的关系，后者主要属于教学过程。江怡：《语言分析与概念分析》，载《外国语文》2011 年第 1 期。

② 黄敏：《知识之锚——从语境原则到语境主义知识论》，华东师范大学出版社 2014 年版，第157 ~ 159页。

或者现实整体是分析的语境和分析活动得以展开的前提，[①]但是受制于字母文字本身的限制，从操作方法上并没有把对现实的重要性加以落实。反观汉语汉字表述系统，其"以形表意"的巨大优势，使其在漫长历史过程中所形成的共时性的整体文义结构关系作为概念分析的语境，显著不同于以法律规则乃至更大的篇章结构作为概念分析的语境的方法，将逻辑建构的整体与现实整体之间可以进行有效区分与衔接。

（三）汉语法律概念固有的整体主义方法对分析方法的补充

1. 对象的整体性表征和分析性表征

在概念分析方法的影响下，我们会发现，概念与对象之间是同名关系，名称是对概念的命名，对象是概念的指称，出现了"名称—概念—对象"的三角关系。这显然是分析哲学的思路。在中国传统文化中，一直强调名实相副、实至名归，但名称与对象之间建立固定联系的理由在西方分析方法的广泛影响下，被非常隐秘地忽视了，汉语汉字与对象之间的联系机制在现代中国的法律学术已经被本质主义的概念思维和要素要件分析方法所替代。当我们仍然使用汉语汉字思考时，禁不住要问，其固有的与世界建立联系的机制是什么？

在汉字文化系统中，名称与事物之间建立联系的理据主要在于"象"。每一个文字是作为事物的表征物出现，每种事物都有自己突出的外观特征并被凝聚在文字中称为"象"，"象"背后体现的是使用这种文字的人们的认知方式及其对于事物的整体性和动态性把握。[②]"名称—象—对象"之间形成了三角关系。汉语字词对于事物的"象"的整体性表征与西方分析哲学的整体论原则并不相同。在分析哲学中，就语词含义和句子含义的关系而言，语境原则是指语词的含义需要放在整个句子中来理解，而一个陈述句或者是陈述了对象与其属性之间的内部关系，或者是表述了对象之间的外部关系。一个陈述对象与其属性之间关系的句子就是在为概念下定义，并为该对象命名，从符号是不可能直接"看"出意义的。汉语字词与分析哲学对于对象及其属性之间内部关系的反映方式的隐秘区别在于，前者是一种整体性的表征，见形可知义；这与分析思维

① ［美］罗森：《分析的限度》，夏代云译，华东师范大学出版社2016年版，第7~77页、第220~313页。

② 夏军：《〈说文〉会意字研究》，广西师范大学出版社2013年版，第49~64页。

方法在下定义的过程之中,通过固定一些特征并进行命名和作为识别可能对象的标准做法形成鲜明对比。下定义的方法是把一些特征在事物的归类中作为固定的标准。这种方法实现了操作中的确定性,却没有很好地解决概念的适应性问题,亦即一个对象的不同特征在不同情境中会有不同程度的重要性;强调一点或几点特征,不计其余的做法在法学教材中并不少见。汉语字词是对于一类事物的整体性外观特征(表象)的理解并对这种整体性理解以画像的方式表示(比类取象),并不是从内部进行要素分析并提取某些要素特征作为识别一类事物的标准。因此,这是一种建立在表象基础上的整体性思维,而不是一种本质主义思维。中国语言文字传统已然暗示了使用该种文字表达意思的时候,关注的是一类事物整体性的外观上的区别性特征,内部构成要件要素并不是关注的重心。还要重申,维特根斯坦式哲学提出的整体性、动态性的识别条件也是以逻辑分析为基础,与汉语语言文字传统中经验直观的整体性、动态性的识别方法是不相同的,"比类取象"重视的是外观特征方面的整体性画像,与西方哲学通过划分本质属性和非本质属性并舍弃非本质的方面在定义过程的地位形成鲜明对比。总之,中国的象形文字和西方的字母文字对事物进行分类的时候,分别走了从外观特征入手和从内部要件要素入手两种不同路径,各有优劣。现行法律教义学所使用的方法是从西方学习来的。中国的法教义学在注重分析能力科学精神培养的同时,不能忽视中国传统文字所具有的通过整体表象对于事物整体的尊重与维护所具有的价值。

2. 整体性思维与分析性思维的互补

汉语字词与对象之间的联系依据在于"象"。首先是"取象",取的角度各有不同,包括象形、象意(会意)、象声、象事,其中"象形"在认知活动中处于基础地位,象形字在汉字系统中处于基本层次范畴的地位,以表达人们感官可以体会到的具体状态、具体动作、具体事物,形成了汉字文义系统的本义。本义是具体义,体现了对于具体的现象、事物或者动作的整体外观特征的认知和把握。从本源的"象"作为整体事物的指代符号出发,随着对具体对象认识的深化,事物的各种不同侧面和层次不易把握的、无形的和抽象的属性或特征逐渐被发现,词义向抽象的层次发展,出现了抽象的范畴即引申意义,引申意义与本义之间的关系即是事物各方面属性特征对于具体事物本身的依附关系。也就是说,本义与其所蕴含的引申义之间是事物与其自身在实践活动中逐渐被发现的各个属性、特征和功用的内在关联关系。能够把本义与引申义穿起来,即能够保证在后续活动中对该事物的其他面向被揭示出来,又保证其在归类时与该事物保持内在的关联性和统一性的,是多义词的核心义。① 核心义是本义所蕴含的抽象意义,但其本身并不是一个词化了的固定义项,而是贯穿在各义项之中无形的灵魂。之所以如此,是因为该抽象意义是具体事物整体所凝聚的显著的抽象属性或特征,被用于区别同类事物或者其他事物,以致形成意义核心。

在此,需要回头讨论一下现代法学中概念含义固化的"历史真相",对其解决需要借助类典型概念。归于一个概念之下的各对象并不具有均等的地位,有的是典型成员,有的是非典型成员;一些对象之所以归入一个概念之下,是因为其与概念所指向的典型样本有某些或者一组特征上的相似性,概念成员的相似性表明了概念的开放性、包容性和向心性。成员的典型与否,并非纯粹思维活动所致,而是与一些对象在人类生活中的重要程度、出现频率高低等有关,进而这些对象具有了"代表"类的地位,其特征或者属性在逻辑上被加以描述。这些被描述的特征或者属性也分成了典型特征和非典型特征。本质主义概念观的问题在于用理想性的均质观代替了相似性,本质主义的问题还在于将概念成员的一些特征或属性视为标志性的,获得了比其他特征或属性更重要的地位。事实上,典型成员和非典型成员、典型特征和非典型特征,这些都属于建构的后果,追求事物边界明晰性的代价就是"破坏"了世界和事物的连续性。非典型成员和非典型特征处于概念的边缘地带,往往兼具了彼此相邻概念的某些特征,属于两个概念之间的交叉过渡地带。② 而在汉语汉字所代表的思维系统中,汉字本义因为刻画了事物整体在外观上的区别性特征并由以指向该事物本身,局部的细微特征并不影响其归类,也没有因为人类认识能力的局限把在文字构形中隐而不现的特征属性排除出去。这一做法的好处是使事物各个属性或者特征在不同时间空间中获得了展示自己的机会。

西方哲学提出的通过语用分析技术与开放的要件要素以确定含义的方法,在汉语汉字系统中的解决办法就是通过核心义与其他词的结合获取新的命名。

---

① 参见王云路:《谈谈汉语词汇核心义的类型》,载《西南交通大学学报(社会科学版)》2021 年第 1 期。

② 参见王明珂:《华夏边缘:历史记忆与族群认同》,浙江人民出版社 2013 年版。

核心义与其他词结合,反映了同类事物之中亚层次的各事项之间的细微差别与共同的类别归属。核心义连同本义共同制约着词义在日常生活中的拓展与变化方向。这种拓展依托于整体的事物,而不是用局部的要件要素代替整体、破坏整体。

3. 对汉语法律概念固有的识别对象方式的简要评估

汉语语言文字发展过程中,象形字居于基础地位,其通过"以形表意"的方式表达了事物外观上的整体性特征,后来虽然经过文字"隶化"和文字简化,但汉语言文字以人的身体体验为基础,注重主体对事物可察觉到的外观上的整体性体验这一点并无改变。这在一定程度上可以说是汉字思维的密码。有学者基于这一点,把中国哲学称为"身体哲学",以区别于西方那种站在事物内部看问题、以分析方法为底色的"思的哲学"。① 也正是基于此,不少学者把以概念分析为特色的思维称为概念思维。汉语言文字因其固有的分类方法有点囫囵吞枣、条理不清,不能称作概念思维,称为类思维。在笔者看来,两种方法都具有对事物的类属划分功能,不过路径不同。汉字注重刻画一类事物整体表象特征的思维对一个用给定符号标记的区域内部缺乏一种精细分析,致使内部条理不清,无法形成一种有机的概念体系。那么,这种思维方式有没有自己的优势呢? 在法教义学引进之后,这种思维特点会不会也就应该消失了呢?

与古汉字通过转喻和隐喻机制,主要运用会意、形声两种不同的构字法,把有明确意义指向的文字偏旁化、符号化,以达成对事物进行指称分类的目的略有不同,现代汉语更经常地使用字与字的组合。然而,现代汉语继续保持了描述外观上显著特征以形成对象的可识别条件的思维特点。为解决描述指称相关现象和具有相似性的抽象对象的难题,形成了一词多义即一个词形之下包含多种意义。在从单一词义向多个词义的发展过程中,向心性与开放性之间形成了互相制约关系。象形字的"形义关联"原则使得本义具有基础地位,确保了后来词义扩展方面的理据性和连续性,又保证了词义的开放性。这种理据性表现在本义和引申词义之间具有相似性和相关性,这正是显示了人类认知的两种机制:隐喻和转喻。一个词往往是一个综合意象,一个词的各义项之间则形成

---

① 张再林:《作为"身体哲学"的中国哲学的历史》,载《西北大学学报(哲学社会科学版)》2007 年第 3 期。

了上下位概念关系,若要明确在特定语境下究竟是指哪个义项,或者说,将某个对象要准确归于某个义项之下则需要分析技术的引入。这个义项必然是一个抽象意义,不可能经由经验直观给予心灵,而只能通过逻辑分析给予心灵。对某个义项还可以进行构成要件要素分析,但这些分析,都不能摆脱本义的制约,因为它联系着人的身体体验。如果要用概念这个词的话,则可以说,这些概念其实就是无须隐喻机制,人们就能通过身体体验直接理解它们。因为这些概念就是空间概念,包括了对象实体、所处方位与运动,它是人们进行思考的现实基础。表达无形的、复杂的抽象概念则需要一个具体概念或者一个词的本义为依托,这正是象形字的深层次影响。一句话,如果汉语汉字系统因为其整体把握事物进而容纳事物的不同侧面属性或者特征的话,那么这种优点可以作为不同于维特根斯坦式的"言内语境",为开放的构成要件要素或者西方式语用分析技术提供一个思维层面的规范,提供一个方向性的指引。

(四)汉语法律概念与法学的中国化

对于汉语法学而言,汉语法律概念所包含的整体表象除了可以为汉语法律概念分析方法,解决作为逻辑起点的分析对象难题,为概念分析方法形成一种方向性的指引之外,更重要的是汉语法律概念可以为逻辑与现实之间提供一条可行的沟通机制。

1. 逻辑与现实二元紧张关系的化解

在概念形成的机制上,西方哲学存在概念论与非概念论的争议。争论的核心集中在概念与经验的关系上,即经验是概念性的还是非概念性的。非概念论注意到经验内容的丰富性,认为其远远超出了概念系统所能进行刻画与表达的范围。所以将经验排除在概念系统之外。概念论则主张,经验是概念化了的经验,经验弥合了知识与世界之间的传统二元论鸿沟,确立了二者之间的联系。[①]探究争论发生的根源,与认知机制以及体现认知机制的语言文字本身有关。体

① 参见王华平、丛杭清:《概念内容与非概念内容》,载《哲学研究》2009 年第 5 期;王增福:《经验内容的概念性与非概念性之辨——从麦肯道尔的立场谈起》,载《哲学动态》2012 年第 3 期;李红、高丽:《概念化的经验及其理论困境——麦肯道尔"最低限度经验论"研究》,载《科学技术哲学研究》2012 年第 6 期;闫春晖:《两种经验与两种概念——评概念主义与非概念主义》,载《湖北大学学报(哲学社会科学版)》2013 年第 5 期;王增福:《麦克道尔论概念化的经验及其理论效应》,载《科学技术哲学研究》2013 年第 5 期;段丽真:《概念论与非概念论之争下的康德直观理论研究》,南京大学 2015 年博士学位论文,第 11 ~30 页。

验哲学与认知语义学排除了概念的任意性,认为人类的范畴、概念与推理和心智活动是基于人的体验形成的。具体说,对于地点、方向和运动等空间的体验是人类概念和语言的起源。人类基于对自身和空间环境的理解把握,沿着由近及远、由具体到抽象、由部分到整体、由中心到边缘、由身体到空间环境再到其他语义域发展起来,身体体验和空间环境是形成其他概念包括时间概念、状态概念、过程概念与关系概念等抽象概念的主要基础,比如事件、特征、状态等是对空间进行概念化之后才有的结果。[①] 因为我们无法直接有效观察人类心智与世界之间的认知机制本身,唯有通过外在化了的语言文字去进行。在笔者看来,线形文字作为表音文字和观念性文字,文字作为命名符号,但其意义即对事物的观念性把握却要通过定义的方式进行,而定义就意味着取舍,这是一种建构性的活动。西方语言哲学中的自然论与约定论、符号理论与语义理论、语义与语用之间的二元紧张,逻辑与现实之间的矛盾应该说随着线形文字自身的特性产生。中国象形文字的起源特点决定了并没有西方的那种争论,从先民最早的"近取诸身,远取诸物",文字作为客观事物的图像开始,到文字画,进一步发展为表意文字,形成了庞大的文字符号体系。对于事物的命名依据是建立在对对象的外形、情状、性质的观察、认识与了解的基础上,首先是在小范围为当地人所约定,发展到为整个社会所接受,将约定性和理据性集于一身互相支撑,[②] 就文字自身而言,符号与意义之间是一元论的"形义合一"关系,"象"与事物自身之间形成对应关系,"象"作为一种观念和对事物的一种初始分类,本身并没有对事物的属性进行取舍,因为这里不存在线形文字的定义方式,事物自身在不同时空中呈现的属性尽可以归于作为文字的"象"之下,而不会存在定义方式对某些属性的排斥作用所造成的归类困难,故不大可能出现现实与观念之间的内在紧张。当然如前述,这种沟通的秘密在于通过语义结构的拓展对接现实发展,而不是通过更为刚性的定义方法。在比较的意义上也大致可以说,汉字是一种较为柔性的文字。目前汉语法学研究中讨论的一些问题,对于汉语汉字系统而言其真实性是可以讨论的。

---

① 朱晓军:《空间范畴的认知语义研究》,华东师范大学 2008 年博士学位论文,第 27 ~ 43 页。

② 参见李国山:《语言批判与形而上学》,商务印书馆 2014 年版,第 1 ~ 141 页;[法]利科:《活的隐喻》,汪唐家译,上海译文出版社 2016 年版,第 90 ~ 102 页;郝士宏:《古汉字同源分化研究》,安徽大学 2002 年博士学位论文,第 22 ~ 34 页。

2. 汉语法律概念与法学中国化

从微观层面对概念的语义结构进行分析,可以发现语言共同体的本土知识、文化传统是如何结构在语词的意义体系之中,并隐蔽地发生作用的。依据语义学的研究,语词的意义是一个由基本意义和附属意义组成的整体。基本意义中的普通意义"侧面"(另一侧面为科学意义)具有明显的民族性,反映了语言共同体对对象可感特征的社会化理解或认识,不仅包括了共同体对于对象的整体性理解,[①]还包括了对对象的切片及切片之间关系的理解,即对个体或物类及其特征进行切分提取的思维程序与方法。从认识论看,这样的思维程序与方法意味着民族共同体成员之间交往时的一种约定,以及从语言文字上对事物发展进行关照和反映的特别路径。

对于中国法学而言,尴尬的是:一方面是西方法律理论、法律概念和法律思维已经进入中国,为众多法律人学习和运用,另一方面又发现这套理论、概念和方法解决中国问题时有不习惯、不适应的地方。如何解决此难题,法教义学和社科法学的争论各自固守一极,社科法学固守本土化,法教义学坚持形式法治。本书的主张是,无论是实践中对于法治目标的坚守,还是对于现行法律知识体系而言,可行的办法就是对于现代汉语汉字编织起来的现行法律概念体系进行认知方法上的改造,便可摆脱当下社科法学和法教义学之间谁也说服不了谁的现状。具体说来,就是中国文化传统在概念分析和概念体系建设方面本身比较薄弱,现行法律概念体系作为一套成熟的知识体系,这是必须面对的现实。汉语汉字是中国法学共享的方法论工具,最便捷最经济的就是在现有的概念体系之内,发挥汉语法律概念表达事物的整体表象优势与能够直面现实的优势,软化概念分析方法过于刚性导致的适应能力不足的缺陷,吸纳社科法学对于中国社会事实的描述,使社会事实得到现行概念体系的关照,解决法律与现实之间的"两张皮"现象。这意味着法学的中国化在深层次上首先是方法论的转变,否则封闭的概念分析方法难以对法学的中国化提供方法论上的支持。

最后,概念分析方法在多大程度上可以支持中国文化价值是需要考察的。对此,哲学界的争议值得法学借鉴。王树人先生认为概念思维是一种对象化思

---

① 张志庆:《词汇语义学》,商务印书馆 2012 年版,第 134 页。

维、确定性思维,运用概念思维把握本源性的、整体性的“道”就违背了“道”的本性,割裂了人与“道”在本原上的统一性。[①] 也有学者认为,对于中国文化的发展而言,不是“用不用”西方资源的问题,而是“用得好不好”与“用的程度深浅”问题,至少也要参照其他文化。[②] 概念分析方法的优势在于其条分缕析,使事物的逻辑结构及要件要素清晰化;没有概念分析,就不会有深度对话,不可言说的深刻是值得怀疑的。但是,法律是主体的实践,方法论的对话在深层次上是哲学观的对话。从世界范围看,当代西方分析哲学包括分析法学面对的时代风险就是注重分析划界导致的独立主体之间的沟通困难、社会整合困难以及主体与生存境域之间的二元对立问题。中国文化传统提倡社会和谐、团结互助,与汉语汉字作为工具在思维程序方面强调从整体上把握事物形成了内容与方法的互相支持。无论是自然、生命、个体、家庭还是社会,其作为整体具有逻辑上的先在性,分析划界是为了深化对整体的认识,而不是弱化撕裂整体。

---

① 王树人、喻柏林:《论“象”与“象思维”》,载《中国社会科学》1998 年第 4 期。

② 彭国翔:《中国哲学研究方法论的再反思——“援西入中”及其两种模式》,载《南京大学学报(哲学·人文科学·社会科学)》2007 年第 4 期。

第二章　中华民族文化与统一法制

一、国家的文化意象与制度表达

国家的权威来自其组成个体、群体的内心认同。人们如何建立自己的认同，和国家认同如何建立，是解决国家权威的关键点。在传统社会，人们通过对血缘、地域、族群等的直接感知来建立自身与社群、国家的联系。在现代社会，国家认同的建立是基于主体性原则。但不能说传统要素就不再重要了。在各种关于国家权威和国家认同的理论中基于现代主体性原则的理论可以粗略地划分为基于正义原则共识的自由主义国家认同理论和基于共同政治参与的宪法爱国主义理论，对文化传统要素给予高度重视的国家认同理论可以粗略地分为基于共同生活的社群生活模式理论和基于共同民族生活的民族主义理论。[①] 重视现代性主体原则的理论侧重于将国家建构为政治法律共同体，并批评后者为非理性和特殊主义，而重视文化传统和生活形式的理论则批评前者为无根的想象。从学术分工和学术训练来看，从事历史与文化研究的学者倾向于从历史传统、文化形式、共同记忆等方面研究个体对于国家/民族的归属性认同，从事政治与法律研究的学者更倾向于从国家政权系统、法律制度等方面研究

---

① 参见刘向东：《文化多元语境下的国家认同建构》，吉林大学 2015 年博士学位论文，第 28 ~ 35 页。

公民对于国家的赞同性认同。[①] 这种各自有所侧重的现象,影响了我们对于国家的权威、国家统一的法律机制与文化机制,以及法律与文化之间相互关系深入而全面的理解。即便在法学学科内部,这种影响也通过社科法学与法教义学之家的争论反映出来。二者都可能指责对方是无根的:社科法学认为法教义学缺少“中华”本土气息,法教义学则指责对方没有自己的知识体系,缺乏逻辑,有“拼凑”之嫌。笔者认为二者之间的症结是“是”与“应当”两类知识之间的对立。破除二者之间的对立就是要找到二者之间的连结点。

(一)通过政治法律机制的国家认同

我国《宪法》序言中表现了两种不同面相的中国:一个是作为在时间轴上绵延至今的历史文化共同体的中国(统一的多民族国家),另一个是作为历史与文化中具体阶段的中国——一个政治法律共同体——人民共和国。历史文化共同体是政治法律共同体存在的母体,后者是前者存在的具体形式。历史文化中国是历史悠久的由多族群(各族人民)共同缔造的共同体。[②] 这两种表述涉及“是”与“应当”的知识,作为政治法律共同体是一个由法律制度体系表达的“应当”的世界,权力、权利、义务等的配置均可以归类为“应当”名下的知识;作为历史文化共同体的中国是一个“是”的世界。对于“是”与“应当”的联系先从对“认同”概念的分析开始。

1. 认同

在日常语言中,当一个人说“我认同”时包含两层意思:

第一,确认自己的身份归属。在这个意义上,认同涉及“我是谁”的问题,是对主体的身份确认,比如,我认同中国、认同中华民族、认同每个族群,等等。这是在与其他主体之间进行比较,在确定差异性特征的时候,肯定自己的群体性,是对自己时空身份的确认。

第二,赞成与同意。在这个意义上,可以通过列举,找出其意义的可能空间。这种也可以表达为我认同某人的观点,我认同某一做法,等等。这些表达除了表达自己的身份确认外,反映的是主体对自己所属的那个群体的价值观的

① 关于对国家的两种不同认同的论述,参见肖滨:《两种公民身份与国家认同的双元结构》,载《武汉大学学报(哲学社会科学版)》2010 年第 1 期。

② 翟志勇:《宪法中的“中国”——对民族国家与人民共和国意向的解读》,载《文化纵横》2010 年第 6 期。

倾向性,表达了主体的价值判断过程和结果。

关于自我认同可以得出两点结论:一是自我认同是一种社会关系结构,无论主体自我的身份确认还是价值选择表明了个体和社会之间的互动关系。在确定自我归属的同时也确定了“我们是谁”和“他们是谁”,以及“我”对“我”所归属的“我们”的价值取向的接受。自我认同是主体从事社会生活的意义来源,是自我在社会中进行自我定位、寻求价值指引的关键。二是自我的身份确认与价值选择之间在认同这个层面联系起来了,并不存在“是”与“应当”之间相互隔断的情况。反过来,当我说“我同意某一观点、某一做法、某一价值”时,“我”和对方有一个可以合作的基础,存在着对话沟通的平台,但未必一定进入彼此承认的共同身份关系。从“是”到“应当”之间属于一种基于事实的推理,从“应当”到“是”属于一种建构性关系。

2. 国家认同

自我对于国家的认同是在现代语境下进行的,分为通过法律机制的认同和经由文化的认同,亦即是说,对国家作为政治法律共同体的认同和对于作为历史文化共同体的国家的认同。一个主体认同作为政治法律共同体的国家,意味着:

第一,赞同以公民身份为基础的一套价值体系。公民身份为基础的价值观认同,是一种后民族的身份认同,而不是基于语言、文化、种族、宗教信仰等前提的前政治认同。社会成员对国家的忠诚与热爱是一种以宪法法律为载体的价值体系的赞同;社会成员经由宪法获得政治法律共同体的公民身份,意味着把彼此不同的文化身份搁置起来,并不是只有具备相同传统文化背景才能在一起拥有公民的基本权利。但是,“我”同意某一价值并不意味着“我”愿意成为某一共同体的公民。

第二,以正义原则为根据形成由宪法法律制度等组成的行为规范体系。任何一个共同体的正当性、任何一个国家的成文法的合理性,都需要以正义为根据,而非正义基于制定法或习惯规范,否则正义就沦落为某一具体利益群体的代言者,不可能产生普遍的价值认同,亦不可能产生真正的法治。

第三,同意以公民身份与国家之间建立宪法上的权利义务关系。公民身份是一种超越群体的忠诚关系,能够涵盖共同体内所有的社会成员。现代意义上的国家作为政治法律共同体,维持其的框架不是前政治的文化、亲情要素,而是根据拥有基本权利的全体成员所制定的社会契约——宪法。其中的关键词是契约、权力、权利、义务，基本主体则是公民——国家。

（二）公民权利与互助平等

1. 以公民身份为基础的个人权利

现代各国宪法法律都规定了公民作为个体的各项权利，并对其进行平等保护。个人权利旨在保证个人选择的自主性和机会的平等性，国家权力不能恣意运用不合理的归类标准在不同的个体之间、群体之间以及不同的生活方式之间进行价值排序。但是，形式上的中立平等无法保证实质上的平等，法律学术多关注到起点的不平等和结果不平等，且多从经济人的角度观察，将该不平等限定于经济领域。多元文化主义论则认为，形式上保持中立的现代国家制度在民主机制下进行决策、建构统一公共文化的过程中，对于少数族群文化存在某种隐含的不平等。另外，以多数决为基础的现代民主机制以及以竞争原则为核心的社会文化市场，导致了少数族群文化及独特性诉求被忽视，使得一种独特的生活方式本身没有受公平对待，而不限于经济上的不平等。因此，物资补助无法有效解决特定文化族群内成员身份的重要性。当我们慎重对待文化身份的时候，文化身份的平等性与经济上的平等显然不是一回事。

2. 互助平等：作为一项制度

族群不是经济性群体也非政治性群体，而是一个文化性群体。然而，现代社会之中任何一个群体的主张都会与经济诉求和政治诉求有不同程度的关联。族群概念本身是少数文化群体进行权利诉求的一种话语。但是对于族群这种诉求的解释却遵循不同的解释路径：

一种解释路径认为族群文化对于个体而言是一种社会关系结构，与个人权利和自由相比，族群文化与族群的共同生活对于个体具有目的性价值和身份归属意义。因此，每一种文化在价值上都具有平等地位，以文化身份为基础的族群必然要求获得族群权利以保证不同文化在价值上的平等。族群权利显然是集体权利，要求赋予族群文化以法律上的特别权利，比如群体代表权、自治权、保持和改革风俗习惯的权利。

另一种解释认为文化对于族群成员而言具有工具性价值，即族群文化为个体进行社会角色选择和生活方式选择提供了可以利用的资源，但也限制了其可能选择的范围。所以，族群文化本身应受到平等对待，保证族群成员在社会中的自我发展不因为外在不平等的文化处境而受到不利影响，更不能因为社会偏见和歧视受到不公平的对待，对民族国家范围内少数族群在社会上的边缘化地位从各方面进行弥补，因此在宪法法律上寻求彰显和保障文化平等的法律地位就非常必要。在此意义上，族群平等是作为一项平等对待的制度被看待。

3. 优惠政策是落实互助平等的一项措施

在法治意义上，以实现族群之间互助平等为目的而采取的优惠政策具有手段和措施的性质，如此理解和解释的理由是：

第一，不能将族群优惠政策理解为族群平等和族群权利本身，防止其固化僵化。在不同的时代背景下，实现族群平等面临的具体问题和实现族群平等的条件有所不同，优惠政策也需要进行及时调整。另外，优惠政策也具有过渡性的性质，享受优惠的主体的发展能力有效提高后就需要停止，长期实行就容易导致反向歧视。①

第二，以族群身份为基础的对于权利的需求必然使得族群成员更为看重族群身份的重要性，甚至有意将族群身份政治化，使族群身份成为人们获取各种资源和机会的工具，鼓励依照族群分类与族群身份进行思考和行动。但族群身份是一个个人无法选择、无法通过自己努力进行改变的天赋条件，如果将优惠政策等同于族群权利本身，就使得优惠政策特权化，从根本上违背了族群平等制度的精神。

（三）族群文化权利的解释原则

族群文化权利包括享有文化成果的权利、参与文化活动的权利、开展文化创造的权利，族群文化权利的解释应当在“个体—群体—国家/民族”的关系结构中进行。

1. 族群文化权利的解释应当遵循国家统一原则

任何一个现代国家总是包含多个族群，不同族群的存在很大程度上依赖于族群身份内容的差异，一个族群身份只是包括了一个国家一部分人的社会身份。当为了实现实质平等目标，在运用某个分类标准如财富、职业、文化、性别、信仰等时，实际上是在凸出某个方面的差异性，尤其是以某个天赋性质的东西

① 关于优惠政策的讨论可参见马戎：《民族平等与群体优惠政策》，载《中南民族大学学报（人文社会科学版）》2015 年第 6 期。

而不是经后天努力就可以达到的东西作为分类标准时，因为身份差异而产生强烈的情感，甚至会产生对立与冲突。族群文化权利因为是以族群文化特征为分类标准，在客观上确实有固化族群边界、凸显差异、弱化族群之间联系与共同性的效果，具有导致身份政治之可能性。这并非立法设立族群文化权利的目的所在。

从统一国家的角度来看，群体文化权利存在的逻辑前提就是人们作为历史文化共同体和政治法律共同体的统一国家中的个体。国家统一常常要求加强共同体的价值观与民族性的建设。公民身份与公民权在国家主权范围内具有普遍性和平等属性，具有了普遍主义的特点，能够平等地连接共同体所有成员，避免因为身份差异而产生公民彼此之间的隔阂，在此意义上，公民身份制度和公民权有助于防止与减弱其他认同相互分化、弱化与离散共同体的冲动。同样，族群平等和族群文化权利的最终目的是在实现机会平等和实质平等的基础上构筑共同性，而不是为了制造差异性。

2. 族群文化权利不应当形成对本族群成员选择权的内部限制

一个文化意义上的自我有别于法律意义上的自我。从概念体系的逻辑推演上看，主体是自主的，并在具体的载体中追寻自己的归属，比如某种社团、共同体和某种活动。似乎每个人都是一张白纸，这并不符合实际。符合实际的是，作为一出生就生活于某种文化传统的自我，从自己所属的共同体与制度中获得了一套价值标准和行为规范，被给予了文化的内在特征，但我们并非不能对被给予的和继承的那些理想、目标、生活观念和生活方式进行反思批判，当我们反思或讨论时，发现我们不能坚持某些价值，也发现它们与其他价值存在对立和紧张关系。最后，人们经过反思平衡在不同的价值之间建立价值体系，并在新的事件和进一步的反思批判中进一步修正。个体不同程度地参与了对自我的重新塑造；自我不仅是对一个文化和传统的接受认同，也要允许个人对文化和传统的反思，不能限制或者剥夺其选择权利。

3. 族群文化权利应有利于共享的公共文化的发展

民族文化包括了共享的公共文化和差异性的文化。如果说族群文化权利是通过法律制度保证族群文化特殊性以及相应的生活方式具有与其他文化具有同等的法律地位和社会地位，因而其发展机会不应以只反映其他多数群体的传统或者便利的方式受到限制的话，还应该看到，以族群文化身份差异性特征的群体权利的法律保障也有可能增加不同族群之间的隔阂，削弱不同族群之间的共同体感。因为民族文化中共享的公共文化，是作为历史文化共同体的国家的定义性特征而存在，共享的公共文化意味着共同性和统一性。如果彰显统一性的共享的公共文化被凸显的差异性和生活样式所打破，民族共同体的认同基础就被侵蚀，缺乏文化上的共同特征无疑将使得公民彼此之间存在的共同体感失去根基，族群团结与互助的法律关系失去心理与文化的支持。

多元文化主义论者把族群权利的赋予视为“承认的政治”，将公共领域视为“仅由宪法法律构筑的不同文化群体之间进行竞争的舞台”的说法，忽视了公共文化的重要性，在逻辑上是有缺陷的。如果没有共享的公共文化作为沟通对话前提，一种文化的自我展示充其量只能是自娱自乐，因为其并不能被理解。一种生活方式在一个群体那里可能很重要，但有可能在另外一个文化群体那里就是无法理解乃至不可接受的。忽视共享的公共文化建设的程序主义对话思路，与自由主义原子论式的抽象个体并无实质差别，破坏了价值秩序和价值位序；错误地理解了程序性价值和实体性价值以及实体性价值之间的关系，因为仅靠程序性对话机制解决不了实质价值面临的难题，不具有逻辑可行性，也缺乏经验基础。关于这点，将在本章第二部分进行论述。

（四）作为公共文化的民族文化

1. 民族文化与族群文化

在实践中，人们可能将地域、职业、家庭出身、爱好、信仰、政党、族群文化等这些内容中的任何一种作为自己认同的来源，形成一种混合认同。在这些认同中，族群认同与民族认同更加接近，容易引起争论：(1)如果说族群成员具有共同的血缘和共同文化特征的话，民族成员则以共同的文化特征因而具有归属感。在现代社会，因为文字、教育、传媒、通讯以及人口迁移等因素，文化的共同性在强化彼此的归属感中具有重要作用，使人们不经面对面，也可以产生彼此的身份认同。(2)民族认同的建构是为了在文化意义上构筑共同性，但不是以族群性为代价的共同性。二者是交叉重叠的关系。在这一点上，民族认同同样也要面临其他民族国家和整个人类这样的关系结构，在主权国家这个层面上是普遍主义的，在整个人类的层面上又是具有特殊性的。(3)民族文化也使个体之间、族群文化之间的对话交流成为可能。也正是在对话交流中，民族文化获得更加丰富的内涵以及与具体情境相适应的能力。

2. 民族文化与国家认同

现代民族国家的统一与权威既需要政治法律层面的努力，也需要民族文化层面的努力，这一点对于多族群国家尤为重要。把国家作为一个历史文化共同体来看待时，强调了其延续性、持久性的一面。如果要想让每个公民、每个群体把远在千里之外的信仰不同、生活方式不同、语言不通，甚至终其一生不可能产生面对面的互动关系的另外一个公民、群体作为同胞来对待，就必须有一种民族认同存在。从前面的论述我们知道，“我”同意某一种价值只是意味“我”愿意以此为基础，进入一种合作机制，但未必一定具有彼此承认的共同身份关系。只有民族文化才能为统一的政治法律共同体提供心理与文化基础，使不同的个体、群体形成一个历史文化共同体，让个体以同胞的身份对这个共同体有内心的归属感。然而，民族文化并不必然对作为政治法律共同体的国家在认同方面提供支持，这取决于法律体系所包含的一套法律价值与民族文化所包含的一套价值体系的相互吻合程度。这里涉及一个非常不好解决的难题，即民族文化价值与法律价值之间的关系，以何者为标准？激进的改革主义者和文化保守主义者会得出不同的结论。简要说，前者可能基于多种理由认为民族文化是一个落后的东西，后者则指责前者忽略了国家需要一个前政治的资源来支持。对此，将在本章第三部分专门讨论，此处不展开。

3. 民族文化的定义性特征

对民族文化定义性特征的描述困难在于对民族与个人、群体之间关系的处理。民族是一个社会单位，也是一个文化承载单位。从个人自主性看，以个体为基础的自由主义的多元文化与民族文化之间并不是对立的。民族文化并不否认个人的选择能力，因为民族文化为个人提供了可资讨论商谈的便利条件或者资源，但自由主义担心在政治讨论中预设某种价值，从而妨碍了主体的自主选择。以群体为单位的文化多元主义反对民族主义的理由是：民族文化与民族性意味着把一种人为的同质性强加于多元社会，以一些文化价值和文化规范为代价，使另一些文化的规范合法化，政治国家没有履行平等对待各种文化的承诺。这两种讨论都是从西方式的“主体性”思维或者主体间性出发，主张其他主体构成了作为思考者和行动者的主体的语境条件，而不是各主体成为关系结构中的存在，也就是说，西方的主体性思维并不主张主体之间的相互界定。这种孤立化的竞争性思维路径必然导致社会的撕裂，表现为其在坚守“我”是一个不依附其他人的独立存在时,还为寻找一个不同主体共同对话的基础而苦恼,而且这个对话基础不能是出自“你”的文化,否则“我”在心理上便会抵制。在关系结构中考察主体身份时,“我是谁”不能被理解为“我”是一个独立的存在,而是“我”是一个关系结构中的存在,在具体的动态的关系结构中,各主体都参与了对彼此身份的确认工作。

民族文化包括的内容很广泛,但能够反映与其他民族区别,划清民族边界,对内能获得不同个体、族群共同认同的内容,当属民族文化中的公共文化。民族文化并不能包括族群的自主空间(自治领域)、个人的私人空间。民族的公共文化包括了:(1)一套思维方式;(2)一套文化价值体系;(3)行为规范;(4)生活方式;(5)一套语言符号、节假日和风俗习惯等象征仪式和象征符号;(6)民族文化在公共领域中得到讨论与升华,在讨论与反思中获得发展。

(五)中华民族文化的法律化

1. 各民族(族群)共创中华

对于民族文化持反对意见的重要理由是,民族文化是人为的同质性认同。中华民族是不是这样?或者说,在古希腊文化基础上发展起来的文化基因中,包含了一种竞争意识。而在中国,因为地理、经济和文化的原因,各族群受不同生态环境与生计方式的影响形成了不同的地方小传统与族群认同时,在农牧两大生计方式、内陆与沿海两大板块之间,形成了超越本地方、语言、信仰认同的一个文化大传统,确立了相互依存、密切交往、相互交融的共生互补性关系。从三代至秦,大传统逐渐形成,秦统一及其体制改革加强了大传统对社会的渗透与整合能力。无论是哪个民族(族群)的统治者,其观念是天下观念而非地方族群的观念,亦非现代西方的民族国家观念。在长期的历史过程中,经过贸易、征服、杂居、通婚、迁徙和融合等,逐步形成了“多元一体”格局。[①] 在此格局中,和而不同、求同存异是处理差异性的基本理念;对于一个统一的共同体及其共同性的追求则是共同的价值认同,在关系结构中进行自我身份定位和价值选择则是基本的思维方式,这是中华民族具有很强的文化凝聚力的奥妙所在。民族文化在其与各族群文化之间、族群文化之间的关系是你中有我、我中有你的连

① 金冲及:《中华民族是怎样形成的》,载《江海学刊》2008 年第 1 期。另见张海洋:《中国的多元文化与中国人的认同》,民族出版社 2006 年版,第 1 ~ 10 页。

续统一体,而不是以“自我”为中心的竞争性关系。

近代以来,面对存亡危机,作为一个历史文化连续体的中国与中华民族的意识被唤醒,通过中华民族符号的推广和使用,“中华”作为一个民族概念和文化概念也具有了将民族与国家、文化身份与政治身份合二为一的意涵,中华民族作为各族群共享的符号体系来凝聚各族群同胞对国家的认同。这是从没有明确边界的天下秩序到具有明确疆界的民族国家之后的努力,从一种自在存在转变为一种自觉存在,爱国主义、民族独立、国家统一、富强、民主、文明等价值追求也成为一种共享的精神内核,同时,在族群之间形成了平等、团结与互助的关系。这些均在《宪法》序言中得到表述,这是通过制度建设来建构对国家认同的体系保障。所谓民族文化的建构,不是完全依凭建构者的意志转移,而是针对已经存在、但未固定化的人群共同特质,加以系统化地述说、整理,从而产生了固定化的特质描述。这种人为的努力使原先只是自在呈现的人群特质,开始以定型化的方式定着下来从此不能轻易再被改变。这些素材并非生来如此、不可变更的东西,是建构使它们定着化。

不过,随着全球化的发展、西方竞争性理论的影响、人口流动的加快、人际互动范围的扩大,中国传统上形成的民族文化与族群文化之间、族群文化之间的共生互补性关系的原生土壤面临着新的问题,尤其是以“主体”为中心的思维模式挟裹着科技经济优势,对中国传统的在关系结构中进行自我角色和价值定位的思维模式形成了破坏性的挑战,这是研究国家认同需要格外注意的地方。

2. 中华民族:从日常概念到法律概念

2018 年,“中华民族”概念写进宪法,这一法律概念与“中国各族”“中国各民族”“全国各族”“统一的多民族国家”等概念之间的逻辑关系明晰化了。“中华民族”在《教育法》《反分裂国家法》《国家安全法》等宪法性法律中作为法律范畴规定下来,不再仅仅是一个学术范畴和日常概念,为涉外法治与国内法治实践的展开提供了概念体系和具体制度方面的支持。“中华民族”是中国各民族(族群)的总称,概括了中国各族群的整体认同,也包容了内部的多样性,“中华民族”与“中国”是同一个观念。

3. 民族文化的制度化

民族文化的内容包含了共享的公共文化、各族群文化和个人的私人空间,这些应该在统一法制中得到妥善安排,使文化认同获得制度性力量的支持、规范和发展方向,使国家统一在文化和法制的双重意义上得以实现。

(1)形成规范体系。民族文化中的公共文化、族群文化、私人空间是结构性关系,公共文化除了促进国家的文化认同、维护国家统一外,使族群文化以及个人自治能够在一个公共空间中得到表达、得到理解。故宪法、法律和地方性法规以及自治法规共同构成了对中华民族公共文化价值的制度保障体系,也有对族群文化、个人自主领域的规定。同时,立法与民间规范和其他社会规范也保持有机联系。

(2)民族文化的精神内核。先看思维方式,思维方式制约人们思考问题、处理事务的方向、方式。近代以来,必道义论的自由主义和功利主义的自由主义为代表的主体性思维方式大行其道,我们知道在20世纪初的法律社会化运动中,西方法律也开始强调公共利益、公共秩序的保护,但这种运动只是在既有的基础上前行。在关系结构中确定身份和价值定位的中国思维受到了挑战。在中国法学向西方法学学习的过程中,在对"国家—社会""国家权力—公民权利""公权力—私权利"等对比性话语的研究思考中,认为整体对个体的过度压抑,造成了民族国家落后,使个人解放成为具有正当性的话语,比如"权利本位"自身就具有了正当性。以个人为基础的公民身份制度、权利能力、行为能力制度等作为基础的法律构造,已为法律人所熟知。虽然,宪法法律上也有个人行为不得侵犯国家利益、社会利益和他人利益以及违反公序良俗原则等规定,但这些并不能说明我们对"公共性"就进行了严肃思考和认真的对待。因为,这些规定的思考仍然是沿着主体性思维进行思考的,法律制度中和法学话语中欠缺对中华民族文化中的公共性持久而严肃的思考。对关系结构思维也可以称为系统性思维,但对其不能被理解为关系结构思维一定支持"整体高于个人"的价值判断,在身份认可上也不能得出只见整体不见个人的结论。

再看文化价值。如上所言,爱国、统一、富强、民主、文明在延续的历史文化中得到强调,并在现行法律体系中作出了规定。当然,还要注意到族群平等互助关系、族群权利以及人权与公民权的规定。从"是"变成了价值方面的"应当"。

(3)文化符号。第一,公共文化包括了民族性的公共文化,也包括了地域性、族群性公共文化。就民族公共文化的表现符号而言有象征符号、仪式和节假日,如国旗、国歌、国徽,以及劳动节、国庆节、儿童节等。第二,语言文字。《语言文字法》规定了在国家机关、教育和公共服务行业使用普通话和规范汉字,《民族区域自治法》规定国家机关、教育以及国家工作人员除了使用全国通用的普通话和规范汉字外,还要学习使用自治地方的语言文字。

(4)公共文化服务体系。《公共文化服务保障法》规定了公共文化服务应当坚持社会主义先进文化前进方向,坚持以人民为中心,坚持以核心价值观为引领;坚持"百花齐放,百家争鸣"的方针,支持优秀公共文化产品的创作生产,丰富公共文化服务内容,包括公共文化设施、文化产品、文化活动以及其他相关服务。① 也有学者从学术研究出发认为,公共文化服务应该有价值分层,包含维护主流意识形态价值、扩大公共生活空间价值以及保护民间文化生态价值等三个层面。② 应该说,三者之中,主流价值为目的性价值,公共空间价值是工具性价值,民间文化生态价值是一种本真性价值。

二、中华民族文化与价值共识

如何让处于不同群体、不同文化中的人们达成价值共识,进而形成以价值共识为基础的行为规范是国家与社会治理的难题,或者说,寻找到行为规范后面的价值共识根基并不容易。无论从世界范围内还是从中国自身看,在寻找价值共识的路径上存在着经验论与理性论的对峙。经验论以特殊主义为旗帜,占不占理暂且不说,但更占上风并得到实务方面的更多支持确是有据可查。经验论者强调了中国与西方各自的特殊之处,似乎颇为有力、有理,但是如果要进一步论证中国/中华民族的价值共识如何得来,价值共识的具体内容是什么,则论证力量方面较为欠缺。这涉及对我国法律价值现实根基的追问,涉及法律的制定、遵守与实施等诸多层面。

(一)经验主义的价值相对论

文化相对主义者大多强调历史文化传统、地域环境、社会环境、社会分层、阶级归属等要素,尤其在一个观念多元化的时代,尽管有不同文化背景传统与

---

① 参见《公共文化服务保障法》第 2 条、第 3 条。

② 杨泽喜、陈继林:《国家公共文化服务体系价值分层论》,载《湖北行政学院学报》2014 年第 1 期。

道德立场的人可以坐在一起,但其在价值观上不可能达成共识,形成一个大家都能认可的解决分歧的行动方案。此种价值相对主义分为几种情形:

首先,是具有某种存在论意味的相对主义。比如社群主义者泰勒就认为,个体(我是谁?)认同的理由是由所提供的框架身份规定的,即环境(文化、民族、社群等)决定了"我是谁",而不是个体的自主实践来决定"我是谁"。共同体的基本维持力量是依赖于社群的情感或者民族文化的温情,人们生于斯长于斯而非选择性地生活在一起。在此种认同中,看不到个体的自主性,他只是被动地接受某种历史文化与传统,只能被动地认同。基于族群、民族与传统文化形成的共同体是前政治性的共同体,它的成员的身份不是公民,而是民族或文化群体的成员。潜在的逻辑是共同的生活才可以构成共同的认识和价值理想,没有具体而微的共同文化生活作为基础,就无法形成统一的价值尺度,也就否定了人具有共同的本性,因而,无法找到可以公认的标准与原则。

基于共同的历史、宗教与文化等因素定位的自然群体的认同是一种先天预定的身份认同,是一种剥夺了主体自我选择机会的历史共同体。在实践中,各种特殊价值论肯定自身并维护自身的安全与稳定。这对于处于一定时空范围的人们(未必是该时空范围内的全体)来说也会带来一定的利益。然而,基于历史宗教与文化的认同具有天然的地方情感,对公共领域的不关心妨碍了现代公共领域和多族群国家价值共识的形成,排除了道德进步以及达成最低限度道德共识的可能性,如个人之间、共同体之间在价值观念上的分歧与差异无法解决,现实交往也变得极为困难。

其次,是认识论意义上的相对主义。此种观点从语言文字与思维的关系角度出发,认为因为象形文字自身的原因,具象思维成为我们这个民族思维方式,我们缺乏概括性和抽象能力的思维方式,更多的是基于事物功能、效果、表面关系、外形等方面的相似进行比较,而并非形而上层面的相似性的探讨。比如语言学者高名凯认为,中国的语言与思维长于对具体事物的描述,缺乏对抽象关系的准确把握,使我们差不多仅承认具体事物的存在,而否认抽象事物的存在①。概念思维反映的是同类事物内在的、固有的、本质的属性,概念思维能力的欠缺造成在探讨事物共相的哲学能力欠缺,造成把能看得见、闻得见的视为

---

① 皮家胜:《普世价值辨考》,载《江汉论坛》2009 年第 8 期。

存在，看不见闻不见的视为不存在，造成逻辑推理不被重视，价值共识无法从论证中得来。此种看法确实很有力，我们在解释方法上，对字义词义主要通过“据形求义”“以音求义”“考经求义”“明例求义”等方式，但没有一种方法触及字义、词义的本体方面。[①] 正因如此，从源头上抽刀断水地否定使用象形文字“一族”具有抽象思维能力，很难提炼出具体事物背后“类”存在的共同本质属性的说法，是可以被提出异议的。汉语汉字固然擅长对事物表象进行整体性综合性的表征方法，使汉语传统学术中对具象类比方法非常倚重，但这并不表明其对分析方法的排斥，正如前文论述，整体性表征方法与分析方法是互补的。

与从语言与世界的关系入手不同，还有一种思路，就是根据环境与人的多样性以及不同的人群“适应”生存环境方式的多样性，中国历史上，存在着中原道路、南方道路、草原道路、高原道路和沙漠—绿洲道路等五种存在根本差异的区域性历史发展道路，社会经济形态、演变过程与文化特质诸方面表现出了根本性不同。[②] 道路如此不同，对于国家的认同以及认同的基础是什么是值得进一步追问的。如果有什么是认同的基础的话，或许就是五条道路之间的相互交流学习竞争，导致彼此多了一层共同的东西，然而，这并不必然导向一致性，而是强化了自身的特色。

再次，是规范主义的相对主义。那些把法律视为地方性知识或者仅仅是民族精神的载体者免不了被理解成相对主义者。持此论者认为，每个主体根据自己所属的道德传统或文化共同体的行为标准来行动。每个民族每个国家都是根据对自己有利的原则——不是什么普遍性的正义原则而是现实的利益——制定法律，国家和民族的法律恰恰是国家或者民族利益的表达。对于国内族群看来，立法不是共同体内部某种超越性的正义原则的展开，而是现实权力与利益的博弈与妥协。因为缺乏某种超越性的价值原则作为衡量利益、划定利益边界的标准，任何妥协被理解为是对自己利益的损害，法律成为出于某种权宜考虑而被制定的东西，也没有人认为自己是法律的主人因而认同法律。[③] 对于习惯法规则的强调在某种程度上也有此效果（当然不是全部）。因此，这种经验

---

① 钟少华：《中文概念史论》，中文国际广播出版社 2010 年版，第 5 页。

② 鲁西奇：《中国历史发展的五条区域性道路》，载《学习月刊》2011 年第 2 期。

③ 黄裕生：《两种正义观与两种立法精神——从西塞罗谈起》，载《江苏行政学院学报》2008 年第 3 期。

主义是描述的,其认为现实就是如此,所以"应当"如此,造成了逻辑上"是"与"应当"的混乱。

最后,是利益博弈论(与上述第三种有相似之处,但着眼点不同)。这是一种司空见惯、缺乏哲学上深层反思的说法,就是将立法过程视为是利益的博弈、妥协,所谓价值共识即是利益共识。这种看法并不完全正确,经不起逻辑上的推敲。因为若把立法过程仅仅视为利益的博弈与妥协,得出的结论便是法律体系只是一种临时性的权宜性之计;而且这种看法会带来法律主体的虚化,因为共同体内的任何个人和群体既可以把法律体系视为表达了他们的利益,也可以认为损害了他们的利益。总之,一切法律条文都有可能被视为对自己利益的限制或者损害,只能导致对法律缺乏内在认同的结果。故缺乏基本原则或者说客观价值标准的利益博弈只能是临时性的,甚至成为社会达尔文主义式的,不同人群间的利益博弈、妥协的标准被某种文化传统、宗教、利益群体的原则与标准所替代,并被强制性地认同,从而不具有超越性。缺少了对于具有超越性质的价值标准问题的关注,必然欠缺了对人的本质关怀与维护,人在法律体系中的主体性地位没有得到妥善安排,以为自己被当成了工具。易言之,立法的精神具有超越现实利益的超越维度,法律首先是维护人的本质的关系即自由主体之间的关系,主体之间的利益关系只能是一种功能性和工具性的关系。如果没有这一层超越性关系的存在,正义观就只能是国家法令或者习俗的产物,而不是以正义作为评价法律以及风俗习惯正当性的依据。

(二)理性论与价值共识

先验论者从价值本体论探讨价值共识的基础可分为两种路径:一是传统的从主客二分及其关系角度入手,以共同的人性假设、同样的生理与心理构造以及相同的利益需求作为人类价值共识与行为规范的超时空依据。先验论者认为,价值共识的基础就在于公共客体与公共主体的相同需要,即能够满足全社会成员需要与消费的公共空间、公共环境与公共条件等公共领域的存在,以及价值主体所具有的超越了族群、民族、信仰与国家界限之最基本需要的相同性。[①] 二是从主体间性关系入手,首先假设主体的自律地位,主体间承认彼此的权利时,自然也就承认了自己的行为或者说承担的义务。最清楚的论证也许

① 胡敏中:《论价值共识》,载《哲学研究》2008 年第 7 期。

是哈贝马斯的交往理性补正了康德实践理性学说。

在西方语言哲学史上，对于有无共识（共相）以及如何反映价值共识（包括共相）存在着唯实论与唯名论的区分。以柏拉图、康德为代表，主张最一般、最普遍的概念是本源。康德曾说过，一种科学体系就是“在一个理念指导下的知识的统一体”，由此，一门科学体系也就是知识的等级体系，它以一个基本原则为指导，所有这个基本原则下属的知识按照其种属构成一个下位的知识体系。正义是一个纯粹抽象概念，也是一个考虑到实践而提出的概念。正义体系各个分支的演绎，是对正义体系完整性和连续性的保证。从一般的概念划分到各个分支的组成部分，并在整个体系和层次中，从头至尾都没有任何安排上的中断或者不连贯。① 然而这样的分析划分是建立概念体系中最困难的工作。实际情形是，正义自由一类的概念是从此类概念所运用的具体经验中提炼的纯粹概念，因此，当把这些概念再划分形成细目时，正义的哲学体系就要考虑经验中的多样性与差异性，以便使这些细目达到完整化。然而，在划分诸经验概念的细目时，完整性却是不可能做到的，因为这些概念并不是构成此体系必不可少的组成部分，其结果是变成了只是以举例的方式起到注释作用而已。这种划分也绝非单纯思维活动的成果，而毋宁是现实的作用。所以，在价值上提出正义的原理，所得到的也仅仅是接近体系化的东西，而不是体系本身。所用的方法也并非单纯通过分析/演绎出类型而得，而是对现实生活需要归类调整的事项，经过深入研究，现有概念无法准确描述，则需要对“新”现象概念化，并被纳入既有的概念体系，丰富概念的某一层次，增加/细化调整案件类型。

（三）寻找共识和选择共识

从经验观察为基础，并不一定全部持特殊主义的价值相对主义观点。在我国历史学界、民族学探讨何为中国或者何为中国的同一性时，采取了从绵延不断的中国历史文化中挖掘中国所以是中国的原理。比如，费孝通、黄仁宇、葛兆光等人的研究，是从不断变化多样的历史事实中找寻某种恒定不变的东西——也许这就是“中国”（后面对此有涉及，此处不加讨论）。

从经验出发，能否发现超越所有主观过程（或具体特殊价值）的普遍价值，在方法论上是否可能？从经验出发寻找价值共识的最初表述表现为“己所不

① ［德］康德：《法的形而上学原理》，商务印书馆2001年版，第1页。

欲,勿施于人”“己欲立而立人,己欲达而达人”式的表述,具有从人类心理的本真状态出发,试图推导出价值共识与行为规范的特点。这种推导的基本特点是试图找到人的“所欲”、“共同的欲”和“不同的欲”,尤其是“共同的欲”是顺利推导的必要条件。当下的经验论价值哲学基本上从人的生理结构与功能的相同性推导出“人的最基本需要”即生存需要的共同性,并寻找价值共识的可能性。然而在其他需求对象与层次上就不容易找到“相同的欲”。

美国哲学家乌尔班曾总结提出了具有经验论色彩的三种方法:一是对价值物进行归纳分析,舍弃差异提取共性;二是在价值过程分析的基础上,获得概括的价值;三是对实际使用的价值概念进行分析,讨论其所表达的内容。① 大致说来,第一种方法属于归纳分析法,历史学、社会学科等比较擅长;第二种方法政治哲学更擅长、适宜;第三种为语义分析方法,属于一种以文本为基础的研究,此种方法对于价值哲学、语言哲学和法律哲学是比较合宜的。乌尔班对价值进行了定义,认为价值就是客体对于具有不同态度的、或由不同的意向和兴趣所制约的主体具有的积累起来的意义。乌尔班对价值主体进行了划分:第一主体与第二主体。第一主体是指个体,第二主体是指一群人或者具有同样活动、习惯、思想的一批人的意识。但乌尔班将价值论建立在心理学基础上,持价值客观主义立场。②

当然还有通过程序主义达成共识,这是一种主体在场的民主主义理论。比如罗尔斯程序主义正义理论与哈贝马斯的交往行为理论。罗尔斯的“重叠共识”法是一种“寻找”价值共识的方法,此方法的内容是认为现代社会存在多种不可通约的信念和完备性学说,其中的任一种无法得到所有公民的认可与支持,作为政治共同体必须获得一些基本理念的支持,这种基本理念独立于任何一种完备性学说,且能获得各种理性但内容歧异的宗教、哲学与道德学说的认可,这些学说自身拥有众多的拥护者,并具有悠久的历史。通过检视、筛选与提炼重叠共识部分,以“宪法共识”固定下来,成为政治共同体的价值基础。③

---

① 冯平、陈立春:《价值哲学的认识论转换——乌尔班价值理论研究》,载《复旦学报(社会科学版)》2003 年第 5 期。

② 冯平、陈立春:《价值哲学的认识论转换——乌尔班价值理论研究》,载《复旦学报(社会科学版)》2003 年第 5 期。

③ [美]约翰·罗尔斯:《政治自由主义导论》,译林出版社 2000 年版,第 55 页。

哈贝马斯的交往对话也是一种“达成”共识的方法:因为现代社会无法依靠价值的实质共识来维系,维系它的只能是程序性共识。以现代社会的主体平等、价值多元为背景,以主体间的相互换位、彼此承认和相互协商为特点,凸显了对形成价值共识的程序性保障。不过,因为即便承认人们“同欲”,即便实行主体换位思考、相互承认彼此利益,针对某一个事件、事项,位于不同情境的主体仍会从不同的需求或者不同的价值评判标准出发,对话参与者照样无法有效解决价值共识难题,没有实质性内容的程序共识仍然是不可想象的。[①]

(四)中华民族的价值共识

经验论与理性论运用了不同的论证结构(非论证内容),分别是“个体/主体—关系结构”的论证和“关系结构—个体/主体”的论证结构。经验论者不管是赞同价值共识还是否定价值共识,基本走的是后者,而理性论者的论证结构基本上与前者一致。有必要进一步考察论证结构中的这两个要素各自特点及其相互作用。

1.“个体/主体—关系结构”论证

应当说,这是西方政治法律传统中源远流长的论证方式。不过,那种将主体视为先于关系结构存在的抽象原子论者在可划归到这一论证结构的相关论述中已不多见,这可能是因为发展了的西方社会里那种古老的同质化的古雅典传统已经不复存在,也可能是因为原子式的个体下面有一个隐含的同质化生活作为前提。除了延续个人分离并优先于关系结构(国家与社会)和个体的理性、自主的思考问题的传统外,这里的个人已经不是一张“白纸”,而是带上了经验内容。无论是重叠共识还是程序性沟通对话理论,参与主体是多元性的;独立、理性、自主与多元性是进入某种关系结构的个体的定义性特征。在这个论证传统中,关系结构是个体理性选择的结果,这个结果便是国家。个体不依赖于任何先在的东西,相反,它本身就是全部法律、法律秩序和法律义务的起源。显然这种论证结构更多属于国家作为政治法律共同体的论证,具有非历史化的特点。

在关于价值共识、国家认同的理论探讨中,以泰勒为代表的基于共同生活的社会群主义模式的国家认同理论,被认为是不同于罗尔斯、德沃金式的以正

---

① [德]尤尔根·哈贝马斯:《交往行为理论》(第1卷),上海人民出版社2005年版,第144页。

义原则共识为基础的自由主义国家认同理论。然而,论证结构上,这两种理论又是相同的。无论是个体还是共同体都被视为在政治舞台上展示自我存在,并进行博弈的主体。

2. “关系结构—个体/主体”论证

“团结、和睦、互助”“皮之不存、毛将焉附”“大河有水小河满”“守望相助”等耳熟能详的代表性词汇反映了一种“关系结构—主体/个体”的思维模式。①在“关系结构—主体/个体”的论证结构中,“我是谁”这样的句式既具有知识论特征,也暗含着价值论“我应当怎样活着”的隐喻。在这种论证中,“我”不能理解为“我就是我”或“我就是独立、理性、自主与多元性的存在”,只能以“在某种关系结构中我是谁”来思考。“我应当怎样活着”不是一个“我”要参与选择一个政治法律框架的问题,而是在一个既定的关系框架中选择“我”怎样活着的问题。这并不是要否定“自我”的认知能力和道德反思能力,而是说不管“我”是个体、群体、国家,均须放在既定的关系结构中把握,脱离关系结构的自我是无法想象的。另外,关系结构本身也是根据主体才予以确定的。②

3. 中国/中华民族的价值共识

中华民族的身份是一个自我定义的问题,也是一个在关系结构中被他人定义的问题,具体而言,需要在关系结构中把握:一是在由个体、族群组成的关系结构中把握中华民族,二是在中华民族与世界其他民族的关系结构中把握。也就是说,民族身份由自我认定的归属性文化特征和他者认定的文化边界特征共同完成,其中,一套自我认可的具有历史延续性的价值观和行为标准具有重要作用。对于他者,这套价值观和行为标准具有共时性的区别性作用,在中华民族内部则具有规范作用。

一方面,与外来民族相遇时,中华民族的区别性文化特征是什么。在近代

① 但是,这些词汇是对事实的描述还是表达了一种“应当”,是值得研究的。在社会学、民族学和人类学的研究中发现的知识是否能成为政治法律上的“应当”?所谓习俗的存在是否证成正当性?一句话,知识论与规范论的关系是什么?比如,“国旗不得用于私人丧事活动”这一规范语句中,整个语句是“应当”,但关于什么是“私人丧事活动”的追问显然首先是知识论方面的。

② 这种在关系结构中把握主体的规定性特征、边界及其主体地位的思维结构与语言哲学中的语境主义有交叉重叠,但不一样。后者主要是为了确定意义,意义的存在和确定都依赖于相应的实践语境。强调的是语境对于知识的产生和辩护的重要性,它是西方哲学谱系的延伸,走的是分析的路径。进一步说,“我知道”的条件中,知识的生成、辩护是在主体维度、社会维度和实践维度等整体语境中予以把握的,至于“我”是谁并不探讨。事实上,这种做法并不能说明其没有预设。

中国，当中国与西方国家相遇时，民族、国家的生存是先于个人的价值追求。爱国、统一、富强、独立、发展、繁荣是建立中国人对国家认同的关键，而不是西方式的个体自由、民主。这种时代需求接续了具有历史延续性的民族文化传统。虽然，有一部分人已经习惯于运用“个体—关系结构”的思维框架进行思考，但相当多的中国国民更习惯于有意无意地遵循“关系结构—个人”的思维模式，习惯于依托一个强大群体的共同性的价值观与文化观念。①

另一方面，中华民族与自身内部的多元族群文化之间的关系。从一个更广泛的意义上，在保证个体多元性、文化多样性这些重要价值的同时，在各种不同个人之间、地域群体之间、族群文化之间找到统一的文化价值共识和行为标准，从而将国家统一奠定在坚实的文化基础上。② 国家需要统一的民族性的东西，民族性保证了共同观念和相互信任，使人们有着很强的共同体感，没有其他社会纽带能够使人们在血缘、地域、信仰范围之外持续地与一个国家及其内部的居民联系在一起；防止多元文化主义法律和政策推行使得多元族群文化差异性的价值观和行为方式在以权利方式保存和凸显的同时，固化加大了人们之间的社会隔阂。在关系结构中，民族性是普遍性的，族群性是特殊的；这不同于自由主义的价值认同理论，把民族性、族群性都放在特殊主义伦理范畴之中。③ 因为按照“关系结构—主体”的思维逻辑，民族性伦理并不是一定与人道主义和人权学说相抵触。一个标准究竟是普遍主义的还是特殊主义的，都需要在具体的情境中予以确定。

对于中华民族价值观的核心，有学者概括为“整体和谐、爱国主义、自强不息、崇德尚义、革故鼎新、人文主义”。④ 总之，中国和中华民族的价值共识和行为标准是历史和文化发展的结果。在关系结构中把握个体、群体和国家，是中华民族的独特思维方式，影响了全民族的价值观和行为标准，是民族文化的内

---

① 刘森林：《焦虑、中国特性与国家认同》，载《现代哲学》2012 年第 1 期。

② 在国内民族政治学中存在马戎的“去政治化”和胡鞍钢等人的“中华民族一体化”的第二代民族政策等观点，参见刘向东：《文化多元语境下的国家认同建构》，吉林大学 2015 年博士学位论文，第 14～16 页。

③ 米勒基于共同民族性的民族主义国家认同理论认为，从伦理普遍主义视角证明民族性伦理的企图注定要失败，坚定的普遍主义者不会把民族性伦理看作一种可获得证明的伦理认同之源，而是需要刻意避免的缺陷。参见［英］戴维·米勒：《论民族性》，刘曙辉译，译林出版社 2010 年版，第 64 页。

④ 孙要良、李基礼：《中华民族精神的内涵核心及表现形式》，载《岭南学刊》2008 年第 2 期。

核。在此基础上才能虑及价值内容本身,以及找到维护这些价值共识的有效机制。这种机制就是族群文化互动的公共领域的建设问题。

4. 价值认同与价值认异

价值共识是不同主体之间就某种价值或者某类价值及其合理性有了一致看法。价值共识包含了价值认同与价值认异。价值认同是指主体对某一价值体系的接受与内化,一个国家必须以对某种价值体的认同为基础。价值认异意味着主体各方可以持有完全不同的价值理念,不必形成相同的价值观念,但它们理解尊重彼此之间因为历史文化差异所形成的不同价值观念。在不同的历史交往中,价值认同并不常见,价值共识经常以价值认异的方式得以表现。

从国内个体、族群的角度看,共同价值必然是超出某一具体的族群历史文化传统,仅从某一种文化传统出发的追求并不具有普遍性;价值目标是作为主体的个人、群体在其所寄身的历史文化传统或者继承的实践内容和反思之间的平衡,共同价值对于一定的历史文化形成了既支持又有某种制约的关系。那些构成主体选择的条件、前提或者依据的文化传统、实践在一定程度上参与构成了自我,自我的边界是开放的,主体的同一性是继承与选择相结合的产物;过分强调某一种历史文化传统对个人自我构成的说法有专断之嫌。从价值认同的必要性看,个人、群体的自我是平等的、自主的,但不可能是孤立的、以自我为中心的和反社会的,在这个意义上,在关系结构—主体的框架中来理解主体的价值诉求与利益诉求,在逻辑上是讲得通的。

通过以上论述,对于中国/中华民族的共同价值认同可以确定如下几点认识:

(1)历时性与共时性的统一。价值认同既具有自然延续的特征,又具有价值主体因应时代需要进行选择建构的特征,在历时性与共时性之间形成某种平衡。就历时性而言,价值思维模式和传统价值本身依然在发生作用,并非毫无意义,传统的价值内容本身不能一成不变而是要具有时代性。对于中国民族文化而言,一般被认为缺少了个人权利意识和法治意识。对此二者,宪法已有明确规定。核心价值观中,还规定了民主、自由、平等、公正与法治。这些内容同样在宪法文字中也得到了体现。

(2)国家统一、社会团结与个人权利的统一。自由主义的个人价值观、社群主义的价值观在中国传播,并为不同的个体、群体加以选择利用。这无疑与中国社会转型发展的客观形势相关，也是现代社会发展的必要条件。但是，自由主义的价值观和社群主义价值观对于共同体的整合形成了很大阻碍，如果非要说明自由主义的价值认同恐怕就是“权利”共识和社群主义主张的“群体权利”。在西方文化的脉络中，多元主义促生了发达的程序主义、价值市场主义和政府权力的价值中立主义，以解决价值碎片化问题。然而，自由主义、社群主义自身似乎都无法为国家统一与社会团结提供令人信服的解决方案。如前述，对国家统一、社会团结的悉心维护是中华文化的宝贵传统。富强、爱国、敬业、和谐、友善等“以人为本”的价值观，这是中国宪法区别于西方宪法的特色所在，也是对文化传统的传承，以及对我国作为民族国家进入世界体系以来历史经验教训的描述。只是这些内容不能被理解为是对个人自由和权利的压制，更不能用来作为压制个人权利的法理依据和法律依据。

(3)对于共同认同的价值的伸张，并不是要退回到价值一元论，而是中国/中华民族的共同价值认同与内部各主体之间的价值认异共存。没有价值认同就没有公共性，相互之间的对话可能性就大大降低。认异意味着一种主体之间“各美其美、美美与共”的宽容精神，以及差异本身在主体之间关系结构中的存在。价值认同与认异之间是一种辩证的、动态的和相互支持的关系。价值认同为主体之间进行实质性的讨论和辩驳搭建了平台，并从歧异的价值中获得一种自我调适和发展的能力，共同认同的价值也为歧异的价值主张提供评判标准。

(五)宪法价值共识的内部结构分析

对共同价值的表述目前可以看到有两种表述方式：一种是社会主义核心价值体系的表述方式，另一种是宪法价值体系。正如一些学者所言，两者之间有内在的关联，但是从法治角度看，社会主义核心价值体系需要以宪法的形式以一种更加明确的体系化的方式规定下来。[①] 笔者对此表示认同。仅就宪法的现行规定而言，各种价值之间的逻辑关系或者换句话说概念之间的划界与结构关系未能明晰化，这是概念分析明显不足的表现，未经分析的宪法诸价值之间的界限与联系就是模糊不清的，在实践中难免造成不同的人在理解的过程中顾此失彼，将某一价值不加分析地放大，破坏了价值结构体系的整体性。相比之

① 秦小建：《价值困境、核心价值与宪法价值共识——宪法回应价值困境的一个视角》，载《法律科学》2014年第5期。

下，核心价值体系规定得更加明确一些。

1. 富强、民主、文明、和谐这四个词语是对中国作为政治法律共同体和作为民族文化共同体的整体性规定，是目的性价值。笔者认为，富强不限于经济领域，而是涉及作为共同体的国家的各个领域。这与近代以来国家的遭遇有关，这一价值不仅仅是对共同体内部的个体、群体的承诺或者个体、群体对共同体的期待，也是针对在全球化体系中国家作为一个单元，在世界一体化进程中需要以什么的姿态进入更大的关系结构而言。民主也包括在政治、经济与文化等各领域。文明一词，本身就有政治文明、物质文明与精神文明等多种表达，是这些领域所达到的一种状态。和谐包括了人际和谐、天人和谐与身心和谐。总起来看，这四个词语表达的价值是富于中国特色的，是与中国的历史文化传统密切结合在一起的。

2. 自由、平等、公正与法治这四个词语表达的是时代性的价值，公民权利、群体权利及主体之间的平等以及法治，关注的是共同体内部各主体之间的边界划分、联系以及形式标准。这些属于制度性价值，与上述目的性价值联系在一起，是后者实现的具体保障和规范表达。

3. 爱国、敬业、诚信与友善这四个语词表达的价值被认为是从个人行为层面上提出的道德性价值，具有倡导性质。其实，它们也和目的性价值和制度性价值相联系，构成了内在的统一整体。

总之，制度性价值使主体行为有了具体的行为规范，目的性价值和道德性价值对主体的行为具有评价、引导、调整与整合作用，是制度本身的发展导向。反过来说，制度性价值对于其他二者形成了客观化、规范化的支持，不至于成为空泛的说教。再进一步的分析只能结合具体的案例和事件而进行了。在此，笔者愿意援引一位哲学学者的话作为本部分的结束语：

能够延续至今的民族都是他们的祖先创造或采纳了某种成功生存方式的结果，其基本的要求是让自由保持在适度的范围内，即使得生存方式和生存环境之间达成协调。所以，自由地展示人类的生存方式不纯粹是为了自我欣赏，一切生存方式都只能在维持人类生命现象所许可的范围内展开……人和人、民族和民族、国家和国家都互为生存环境，人自己的生存方式也成了生存环境的构成因素。生存环境对人的挑战越来越变为人类自己对自己的挑战。①

三、中华民族文化:概念体系与知性思维重建

要解决国家认同就需要解决文化认同与法律认同两张皮的状况,使民族文化制度化,尤其是解决好法律价值与民族文化价值的契合问题。但这还远远不够,更重要的是思考问题的方式本身,这是一个更加隐蔽的问题。对于法律学界来说,尴尬的是:一方面是作为知性思维结晶的西方法律理论、法律概念和法律思维已经进入中国,为众多法律人学习和运用;但在另一方面又发现这套理论、概念和方法解决中国问题时不习惯、不适应。主体价值定位、确定性、唯一性似乎并不是一个值得赞许的优点,在中国文化传统面前甚至成了缺点。法教义学和社科法学的争论各自固守一极,社科法学固守本土化,法教义学坚持形式法治。无论是实践中对于法治目标的坚守,还是对于现行法律知识体系而言,可行的办法就是对于现代汉语编织起来的现行法律概念体系进行重构。究其实质而言,这是知性思维的重建,包括两层意思:一方面是中国文化传统在概念分析和概念体系建设方面本身比较薄弱,另一方面是现行法律概念体系作为一套知识体系,作为其基底的预设(前见)与中国文化并不是很吻合。所以,要从哲学人类学根基上对于现行法律体系的文化基因进行置换和重构,反过来,再对“法律是什么”进行重建,最终完成法律知识体系和民族文化体系之间的匹配。虽然,多少有点“援西支中”的意思在内,但这一努力并不能理解为复古或者狭隘的民族文化主义,而是基于两点理由:一是法律是主体性的,以现代规范汉字表达出来的形式化的法律概念体系应当承载中国人自己的生命体验和生命意识;二是从世界范围看,当代西方分析哲学、现象学和分析法学体现出来的西方文化的最大缺陷就是知性思维背后的独立主体之间的沟通困难和社会整合问题,以及主体与生存境域之间的二元对立问题。

知性思维重建涉及“是什么”和“为什么”两个层面的工作。从具体操作看,要从具体而微的概念工作入手,一点一滴扎实推进,包括了概念构造和概念

---

① 俞宣孟:《“本质”观念及其生存状态分析》,载《学术月刊》2010年第4期。

辨析两方面工作。概念构造需要以中国问题、中国经验为引导,否则,概念的构造工作就成了脱离生活的东西。而概念辨析工作的目的是形成立足于中国本土经验、承载中国文化价值的概念体系。

(一)概念的形成机制

在概念形成的机制上,现代哲学存在概念论与非概念论的争议。争论的核心集中在概念与经验的关系,即经验①是概念性的,还是非概念性的。最终归结在心灵与世界的衔接机制上。非概念论注意到经验内容的丰富性,认为其远远超出了概念系统所能进行刻画与表达的范围。所以将经验排除在概念系统之外。概念论则主张,经验是主动性与被动性的合一,是概念化了的经验,经验弥合了知识与世界之间的传统二元论鸿沟,确立了二者之间的联系。

1. 体验与认知

体验哲学与认知语义学排除了概念的任意性,将心灵与世界联系起来提出了体验哲学观,即人类的范畴、概念与推理和心智活动是基于人的体验形成的。首先是对空间的体验,包括了对于地点、方向和运动等的体验,体验和空间环境是人类概念和语言的起源。人类基于对自身和空间环境的理解把握,沿着由近及远、由具体到抽象、由部分到整体、由中心到边缘、由身体到空间环境再到其他语义域的过程发展起来,身体体验和空间环境是形成其他概念包括时间、状态、过程与关系等抽象概念的主要基础,比如事件、特征、状态等是对空间进行概念化之后才有的结果。②

因为我们无法直接有效观察人类心智与世界之间的认知机制本身,所以唯有通过客观化了的语言去把握世界本身。作为认知主体的我们与整体上被给

---

① 如果把经验区分为感觉经验和知觉经验,那么,非概念主义者认为经验就是指感觉经验,因为知觉经验已经进入了概念和命题的领域,不能被称作经验;而概念主义者不承认存在脱离概念因素的纯粹感觉经验,任何经验的呈现都必须借助概念性能力才得以形成,因此所谓经验就是指知觉经验(闫春晖:《两种经验与两种概念》,载《湖北大学学报》2013 年第 5 期)。可见二者在运用经验时,意义是不同的。但相当多的论述用的是"知觉经验",也许在概念论看来,这种表述本身就有毛病。

② 朱晓军:《空间范畴的认知语义研究》,华东师范大学 2008 年博士学位论文,第 37 ~43 页。补充说明:中国象形文字的起源特点决定了中国没有西方的那种争论。中国汉字从先民最早的"近取诸身,远取诸物",文字作为客观事物的图像开始,到文字画,进一步发展为表意文字,形成了庞大的文字符号体系。对于事物的命名依据是建立在对对象的情状、性质的观察、认识与了解的基础上,首先是由小范围的当地人所约定,发展到为整个社会所接受。之后,这种来源就不再有意义,仅剩下标示作用,无论是通名还是专名都是如此。参见郝士宏:《古汉字同源分化研究》,安徽大学 2002 年博士学位论文,第 14 ~21 页。

予我们的现实世界形成了认知关系，人类认识事物的过程就是范畴化的过程——通过范畴化将世界结构化、清晰化、秩序化，进而形成概念；而范畴则是人们运用语言将其所处生存环境进行分类的一种结果——同种事物及其类似成员可以构成一个范畴。语言范畴、现实世界结构与认知结构在根本上具有一致性。语言及其结构是人类认知周围世界的产物，反映了人的认知能力与客观事实之间的互动关系，更重要的是语言形塑了人们对世界的认知方式、表述方式和表述过程。语言本身作为制度和系统，就具有无法改变的社会文化特征，当立法者进行立法时，已经处于以语言体系作为表现形式的一个制度系统之中。

2. 概念化经验

概念论认为，对于经验获得、然而无法用既有概念系统进行表达的内容，可以用“那个颜色”“那个形状”等去表达，指示该色调、形状与其他色调、形状之间在观察特征上的差异。然而，对于这种表达式的性质，概念论与非概念论存在争议。大体可以说，概念论认为这个表达属于指示性概念，后者则认为这个表达就是指示性词，并非真正的概念。

在非概念论看来，如果一个对象的形状、颜色、性质等被感受的方式和感受到的内容是固定的，那就应当与所用的表达式之间形成指称上的对应关系。但是我们用“这个”“那个”可以指称这种形状（颜色），也可以指称那种形状（颜色），这些指示性表达式的内容就不是固定的，不具有概念所具有的那种固定性质，从而无法在概念与对象之间建立稳定的对应关系，不具有概念所具有的对事物进行识别的功能。从发生学看，首先是认知主体经历了一种超出自身概念系统所能把握的对象，然后主体运用自身的概念性能力对这个样本的特征属性予以并不是很清晰的描述，但在具体情境中，认知主体并不清楚还有哪些同样的经验内容可以用某一个专门的词汇去表达，才有了相应于样本的指示性词。①

实际上，概念主义者和非概念主义者都无法否认人和动物被给予了某种东西，只不过概念论者不承认这种东西是独立于我们心智的存在。在这一点上概

① 王增福：《经验内容的概念性与非概念性之辨——从麦肯道尔的立场谈起》，载《哲学动态》2012 年第 3 期。

念论者对经验的理解更符合我们对“经验”一词的日常用法。经验通常是指某种我们主动运用心智“获得”的东西,而不仅仅是消极的、被“给予”的东西,毕竟,我们不能跳出思想去看世界。若不借助于语言和概念,经验就不能呈现给我们。① 我们之所以能够使用指示词来表达和刻画那些呈现给我们的、无法进入既有概念系统的经验内容,是因为其与我们的日常生活习惯以及已有的概念系统密切相关,并且动用了既有的概念系统。正是在这个意义上,概念论将经验内容视为概念性的。这表明人是运用语言与世界打交道的,在很大程度上,人所认识的世界其实只是存在于语言中的世界,但这并不意味着语言之外别无他物。

3. 识别性能力与指示性词/指示性概念

概念论将主体与客体、心与物、所予论与融贯论的二元鸿沟填平了,使心灵与世界通过经验这个桥梁沟通起来,解决了知识的证成问题。将描述经验的指示词称为指示性概念或潜在概念,意味着经验内容在认识历程上已经是概念化了的。笔者认为,我们在感觉、感知事物,试图用一个指示词描述对象时,确实是在运用概念性能力,这与已经掌握的概念系统具有相关性,但指示性语词自身并不是一个明确的概念。更准确地说,指示性语词处在向一个概念的形成过程中,要成为一个概念,中间还需要一个过程。

我们采用指示词是因为无法准确定性归类,在说“那个颜色”“那个形状”“那个要素”“那个动物”“那个行为”“那种关系”等指示词时,所描述的对象是颜色、形状、要素等之内的一个对象,只是我们并不能马上就清楚说明该经验样本的特性是什么,或不同的人对此有争议。要达成此目的,需要重复性的实践活动,最终确定新经验现象的识别条件——这些现象或许成为与既有概念指称对象并列的一类对象,也有可能因为其独特的属性成为一个新的类别。用哈特在《法律的概念》中的思路:这个样本可能处于概念的边缘地带,也有可能因为其属性而成为独特的一类,与现有概念处于同一位阶。一个概念的出现意味着整个概念体系的重新整合。

4. 新概念与社会变迁

概念的生成意味着概念体系的开放,保持着其发展的活力,表现为提出新

① 王增福:《麦克道尔论概念化的经验及其理论效应》,载《科学技术哲学研究》2013 年第 5 期。

的概念，或者赋予既有概念以新的内容。如果只有概念的分析，没有概念的生成，则意味着概念体系脱离了与日常生活之间的关系。在社会发展过程中，新事物、新现象与新观念的出现，需要语言和概念体系做出应对。出现有实无名、有名无实、名实不符、名实不和等情形，没有概念就无法将人们关于事物的思维进行模块化、定型化，人们的观念、思维就成为主观性、心理性的无法把握的东西，事实上无法进入公共领域。

一方面，新概念具有客观上的理据性。一般而言，新概念的出现可能有两种情形：第一，一些事物、现象原本就在那儿，但因为认知能力、认知机遇的原因，无法为人们所捕获到，在既有概念体系中没有一个概念予以表现。第二，出现了新的事物、现象或者观念，既有概念体系无法准确完整地表达其意义，需要对其概念化并寻找合适的语词进行表达。一般而言，如果一种现象、事物或者观念的特征能够为既有的系统所描述，人们会倾向于运用既有语词。因为新语词的传播是需要成本的，进而可以认为，新词语的传播，就必然意味着新事物、新现象、新观念的产生。从这个角度上说，新概念的出现体现了社会的变迁。[①]

另一方面，新概念具有社会性。这是说新概念具有约定俗成的一面，但这取决于对新概念相关的对象事物的体验性，在人们的认知—经验结构—概念之间存在一致性与“象”似性，取得了公众的认可。

（二）日常概念与法律概念

人们从日常语言中习得了常识内容，如寻常事实、寻常道理和基本的价值判断力，以及前人设置的各种有关实践活动的规则等内容。日常语言是为了处理日常事务发展起来的，是就事论事说理，具有经验和感性的重要性，这是其优点；但日常语言提供的常识并不是一个融贯的体系，其间经常有很多无法连接起来的空隙，因而需要理论。用法律语言编织起来的法律理论就是要对生活世界作出一个系统的整体性的解释。在学会法律语言之前，须先学会日常语言，理解日常语言中包含的道理，但系统化的法律理论对生活世界所作的解释还是不同于日常解释。因为法律理论将生活世界的道理要加以调整和组织，对于常识中所包含的缺陷、断裂予以弥补，把常识所包含的道理上升为法律原理，并在法律原理之间形成逻辑关系，形成一个能够对各种生活现象进行系统解释的体

---

① 陈志宇：《当代汉语变迁与中国社会发展》，武汉大学 2013 年博士学位论文，第 60 ~ 78 页。

系——一个更加融贯的形式整体和道理整体。据此,法律理论能为更为广阔的可能世界提供解决问题的方案。

基于上述原因,常识总是和某个理论一起得到确证或否证。理论的构造固然是以常识为基础,但不能把构造法律理论的工作理解为是对常识的堆积,也不是对常识的简单总结、延伸或者精致化。构造法律理论的基本手段就是将日常概念改造为法律概念或者构造专门的法律概念。大多数的法律概念从日常概念转变而来,因而可以方便地被用来处理案件或进行说理,只不过概念的范围发生了变化,也有一些概念偏离了日常生活中的用法,还有一些概念移植而来,经验上的感受性更弱甚至与本土经验不一致。总之,法律概念是为了法律理论系统性的需要而发展出来的,要掌握法律概念就需要了解其背后的理论或者进一步说要接受专门性、系统性的训练。

一般认为科学概念或者专门概念是为了解释自然困惑,但随着说理变得越来越专门化,就可能与日常词汇渐行渐远。[①] 这一现象与法律领域不是完全一致,在法律实践中用来指涉某一些事项的语词慢慢会进入公众的生活中。法律概念虽然具有专业性,但法律概念却不同于其他科学语言,法律概念应当具有民主性,在解决法律价值与民族文化价值之间存在的隔阂时,防止产生概念距离。概念距离表示的是使用同一种语言的国家或民族中不同群体对于概念的理解和使用上的相异程度。在概念体系的使用上出现群体性差异,表明人与人之间语言分化的开始,意味着某种程度的社会分化,反过来又加深了社会分化的程度。研究法律概念与日常概念之间的距离,有助于防止概念距离的改善,对提高语言共同体内部的团结有非常久远的重大意义。就法律概念与日常概念之间的距离关系而言至少包含着如下两层意思在内:

1. 意味着法律价值与民族文化价值之间的距离

就当下的情形而言,作为法律概念体系的基础的预设是西方文化传统。分析法学追求知识的客观性、确定性,拒绝对价值本身进行研究,但分析哲学对于言说者和对话者本身是具有价值定位的。如果这套价值定位与日常概念所负载的生活体验与生命理解不相容,以至于形成两套彼此隔阂的话语体系,若不改变,两种话语体系之间的隔阂就越来越大,直到最后完全不能衔接互融。若

① 陈嘉映:《论理词与论理》,载《哲学分析》2010 年第 1 期。

两套概念距离越近,两种话语模式互通或归一的可能性越强。

2. 法律职业共同体与公众之间的概念距离

专门概念体系包括了自然科学和社会科学两类专门概念体系。其他科学的概念体系与日常概念之间的距离增大,是因为专业研究所需,但法律概念不能被理解为法律职业共同体内部的游戏。法律概念的严谨性、专业化只能建立在日常概念的基础上,法律概念的含义如果与公众对于该概念的日常理解产生了不协调乃至抵触,那么,公众对于法律的认可度自然会降低。若如此,法律的学术研究不再是面向社会公众,而是迎合社会精英或成为个人的自娱自乐,法律学术的目的不再是围绕法律自身的公共价值,而是变得越来越自我封闭化。

(三)知性思维重建的关键:主体概念背后的文化精神

1. 西方知性思维中的哲学人类学预设

感性、知性与理性是康德哲学中表示人的认知能力的三个概念。感性是认知活动的起点,感性就是人的心灵接受表象的刺激而产生的感受性,感性是直观的。知性就是把感性直观置于概念之下进行思维;知性以经验为对象,追求感性杂多背后的统一性与确定性。理性则追求形而上学的知识,属于超验的范围。这也构成了理论理性与实践理性的划分依据。

知性思维是西方哲学中的基础性概念,没有知性思维就没有西方知识体系。知性思维的特征之一是对事物本质的追求。本质是西方哲学的基础性概念,西方哲学从古希腊时期就认为感觉到的事物具有可变性,所以需要把握复杂多变背后的不变即确定性。因为本质是以概念的形式表现出来,所以对本质的追求体现为概念含义的明确性和知识的确定性的追求,尽可能避免概念的混乱与模糊不清。知性思维还具有科学主义特征。知性思维是作为主体的人站在世界的外面以“思”的方式把握世界,但科学主义方法转向人文社科领域的结果就是人自身被对象化了。知性思维把人按照本质主义观理解为理性的动物。这两点不仅都体现在西方法学知识体系中,更凝练在法律概念体系中。虽然,西方哲学都强调了语境重要性,以突出人文性,但在人的理解上并没有太大松动。

2. 天人合一:关系结构中的人

中国文化中的主体地位包括两意思:一是人是关系结构中的主体,不是无所依凭的主体,二是主体的理情结构。第一个方面已经有所论述,这里论述主体的“理情结构”问题。这不仅是中国哲学的问题,也是中国传统法律实践的核心概念。

对于关系结构中的人的观念表达就是“天人合一”。天人合一,具有存在论、知识论、价值论和方法论等多层面的意义:(1)天地宇宙构成了人的生存境域。人的存在价值是在特定的意义空间中才得以体现,不同文化对于人的存在境域的认识是有差异的。中华文化对人的存在境域的体认就是天地宇宙,是一种内在的关系。(2)知识论方面。人与其他物类一样都是天地之间的一个物、一个部分,人与物同理,具有本质上的一致性。(3)价值论。人既是天地宇宙的一部分,当效仿天地,从天地之道中引出为人处世之道,尽好自己的职责,也就尽了天道。这是传统文化关于人的存在的基本价值取向。(4)方法论。如何把握天地之道,只有依靠人自己的身体体验加以直觉领悟,并通过类推方法在事物之间建立联系。因为人与物属于同类。

3. 知行合一:理性的内涵

与西方文化把理论理性与实践理性区分开不同,中国传统文化中的理性兼有知与行,即以对世界的理论把握为内容的理论理性与具有实践指向的实践理性往往交错在一起,具有一致性和统一性,中国文化不易接受隔绝于实践的认知理性,认知意义上的理性具有工具性价值,价值意义上的理性具有目的性。[①]在《现代汉语词典》中对“理”的解释和组词可以分为二组:一组是道理、事理、物理、理路,另一组是理喻、理应、理当、理该、理屈、理短和理直气壮等。从这些词的组合中,可以看出“理”具有知识—认知意义的内容,也具有目的—价值意义上的内容。另外,在中文里,“知”不仅包含了把握事物“是什么”的一面,也包含了以事物对人所具有的价值意义的评价为内容的“意味着什么”,“是非”既关乎认识论意义上的正确与错误,也涉及价值观意义上的正当与不正当。

对“理性”的解释中,《现代汉语词典》将其与感性相对,解释其为以感性为基础的概念、判断与推理过程。如此看来,在康德进行感性、知性与理性的划分时,中国文化则把康德意义上的知性与理性用一个“理性”一词概括起来了。如果以康德式的“理性”解释中国的理性概念时,中国文化传统中的知性便缺席了。

事实上,在谈及分析法学拒绝价值的时候,法律所规定的价值是什么是可

---

① 杨国荣:《中国哲学中的理性观念》,载《文史哲》2014 年第 2 期。

以通过概念分析“知道”的,在这个意义上,事实与价值是可以结合在一起的。在对分析哲学为什么衰落的反思中,因为其对于自身确定性、客观性的追求,导致了其与生活的剥离,这告诉我们,一种理论如果脱离了现实关怀,其生命力也就到头了。①

4. 合理性:理性的展开

(1)“知”的展开方式。要求知识活动遵循思维活动的理据,合乎事理,注重理由和根据。如前所述,人是天地之间的一物,所以人的言行应当合乎天地之道,从中引出为人之道。如何获得天地之道? 因为天地不言,就要依赖于直觉和类推,因为人道和天地之道一致,说明通过直觉获得知识是可能的。反过来说,离开了与经验事物之间的类推关系,知识之间的推理关系不仅无法进行下去,而且也是不必要的。概念与概念之间的关系是经由具体事物和人的身体体验联系在一起,知识的可靠性是建立在身体体验的基础上。具体体现为对“类同类异”考虑得多(同类相比,异类不比②),对知识与知识之间的种属关系考虑得少。类推关系的三个关键字就是:故、理、类。立“辞”(观点、主张)之“故”(理由)与所立之“辞”之间是通过“理”(类)联系起来的。“类”就是同类事物的属性。“类”与“理”一表一里,知类就是明理——认知意义上的明理。③

与西方文化对于“思”的强调,中国文化传统对身体体验和身体实践给予了突出的强调,以“身体”为基础发展形成了一套知识体系和思想体系。对此,不同的学者称之为“情本体”(李泽厚)、“身体本体论”(张再林)、“仁本体”(陈来),以区别于西方的“意识本体论”。④ 因为这个原因,中国文化并没有为知识、概念与经验之间如何衔接发生争论。在康德式的感性(直观)—知性思维—理性思维的人类心灵能力的划分中,中国传统文化在知性思维亦即知识的辨明这一环节非常薄弱,知识的辨明大体上属于基础研究,具有“为学而学”的

---

① 陈锐:《论分析哲学与分析法学之间的内在关联》,载《比较法研究》2010 年第 2 期。

② 比如,《荀子・非相》:“以人度人,故以人度人,以情度情,以类度类,以说度功,以道观尽,古今一度也。”《老子・解老》:“以身观身,以家观家,以乡观乡,以邦观邦,以天下观天下。”

③ 黄朝阳:《中国古代逻辑的主导推理类型——推类》,载《南开学报(哲学社会科学版)》2009 年第 5 期。

④ 参见李泽厚、刘悦迪:《关于“情本体”的中国哲学对话录》,载《文史哲》2014 年第 3 期;张再林:《从现象学反观中国传统思维的双重性》,载《哲学研究》2011 年第 12 期;陈来:《仁学本体论》,生活・读书・新知三联书店 2014 年版。

特征,在强调知行合一的传统中不被重视。① 但是仅靠直观获得的材料没有进一步的概念的辨明和体系化,知识就是模糊混乱的东西,难以为文化的健康发展、价值的巩固提供有力的知识论上的支撑。知识的辨明工作就是要从概念的辨明工作开始。

(2)"行"的展开方式。在中国文化传统中,言行必须合乎理,指合乎礼、合乎宜、合乎情。理与礼相通,理为规范内容,礼为规范形式;礼则是指合乎宜,即适当、适宜。为什么要强调"合宜",这与言行发生展开的具体条件也就是与"情"相关联。

5. 合"情"

在中国文化传统中,"情"包括了"实情"、"情境"、"情形"和人的情感。情境有客观环境的意涵,人情则强调主体的情感,当然,主体情感有其环境条件。合情合理意味着主体之间的对话、讨论与交流不仅要晓之以理,即除了按照知识原则和价值原则外,还要动之以情,即主体之间的"情"对于沟通交流的重要性。但是发乎情止乎礼(理),理构成了情的限度。②

(1)关于情境、实情

中国文化传统的关系结构强调言行的具体条件,所以对情境或者语境的考虑是一个非常自然的事情,所谓合宜就是指要适当,强调的是根据情境进行调整,讲究的是适度变通。然而,情境进入西方哲学和法律哲学、法律实践的视野中是后来的事,这与西方文化通过"思"追求知识的客观性与确定性密切相关。基础主义是西方哲学中最早发展出的知识理论。基础主义的核心思想是知识可以划分为:非推论的基础性知识和推论性的知识,推论性的知识是从基础性知识中推导出来的,而基础性知识是不证自明的、不需要给予其他知识证明和支持的知识。因为主客二分的认识论架构,围绕语言、知识、概念与经验之间的关系,形成了唯理论和经验论、基础主义与融贯主义、概念论与非概念论的知识路线之争,对知识的发现、辨明与辩护形成了蔚为壮观的哲学体系。体验哲学与认知语义学将主观与客观结合起来,形成了意向性——语境论的知识论,将

① 在当下的各种科研立项中,基础研究不被重视,而应用性研究、针对性研究则被强调,这似乎与这一传统多少有些关系。

② 杨国荣:《中国哲学中的理性观念》,载《文史哲》2014 年第 2 期。

知识的发生、辨明与辩护放在主体性维度、社会性维度与实践性维度的结合中考虑。

与此相联系,法学领域经历了分析实证主义法学、利益法学、目的法学与法律现实主义等阶段,同时在方法论领域经历了形式逻辑、非形式逻辑和法律论证理论的法律方法论发展历程,其实,这些阶段及历程不过是对逻辑方法所具有的缺陷的完善,在追求语境中的确定性的同时,保持知识体系与方法体系向生活世界的开放。

(2)关于情感

在包括法律文化在内的西方文化中,"情"被理解为无法把握的东西,因而无法成为知识的对象,从而被从知性思维中排除出去,也为主体的实践理性所不兼容。建立在"情"基础上的沟通交流与建立在"知"基础上的交流是不相同的人际沟通之道。用赵汀阳的话来说就是,人们在知识性的"思"方面总是容易沟通的,但在价值性的"情"方面并不接受,理解和接受之间存在一段距离。①

动之以"情",反映的是中国文化对于"人"的本质属性的另一面的把握,是人际沟通得以可能的内在根据。将心比心、推己及人等耳熟能详的词汇说明的不仅是理性推论,也包含了情感的沟通。② 总之,实践活动不仅是西方意义上的实践理性,而且还包括了情感沟通。

(四)概念分析与概念的体系化

只有概念的生成,没有概念的分析,可能无法实现有效对话与深度对话,构造的概念只是自娱自乐的词汇,或者是艰涩难懂的东西。概念分析包括了概念的界定、对概念之间关系的厘清、观点的论证、对于既有概念的批评。新概念的来源大致有三种途径:引用外来概念、构造一个新概念或者赋予既有概念新的内涵。三者之中,通过概念的重新解释赋予既有概念新的内涵具有更大的难度。原因在于:

(1)要看现代汉语中的日常用法是否准确表达了中国古代汉语中的"道""心""气""象""物""情""理"等概念传达出来的中国人的宇宙意识、生命意

---

① 赵汀阳:《理解与接受》,载《没有世界观的世界》,中国人民大学出版社 2003 年版,第 92 ~ 112 页。

② 徐忠明:《情感、循吏与明清时期司法实践》,上海三联书店 2009 年版,第 6 ~ 22 页。

识和生活体验。这不仅需要对与某一法律概念相关的、现代中国人日常生活中使用的相关概念进行语义分析和语言社会学分析,厘清法律概念与日常概念之间的联系与区别,还要对现代汉语中的日常概念是否较好地传承了古代汉语中的概念的意义进行判断。

(2)通过概念思维能否把握关系结构中的主体。需要再次强调的是,关系结构中的主体是多种层次的,不是提倡牺牲个体价值,以满足整体价值要求,而是旨在说明主体之间具有内在的相关性——是一种命运的相关性,不是外在的独立性主体之间的关系。如果把主体之间的关系理解为外在相关关系,那么,主体之间就只留下市场竞争关系。在这个意义上说,和谐与正义是同等重要的价值,现行法律体系中的人与自然、人与人、人与群体之间不能被解释为彼此孤立存在的关系,而是具有内在相关性的整体。所以,主体概念之间的划界不能原封不动地照搬西方式的外在性的理性人格理论,应予重构。国家利益、社会利益、集体利益和私人利益及其相互关系的解释要置于中国人自己的文化传统中。不过公共性的界定仍然是一个相当有挑战性的难题,概念思维所要求的清晰化的划界与文化传统注重的“合和”之间的衔接点,本身具有方法论意义。

(3)法律需要在三个层面上考虑情感,包括:

第一,在“情本体”(李泽厚语)的文化传统和文化类型中,情感作为人的根本属性之一,是社会道德和社会秩序的基础,也是法律可被接受的基础。受西方知识论的影响,“情”一直成为被刻意加以拒绝的对象。但离开了对“情感”的关照,就销蚀了法律的哲学人类学根基。直到体验哲学出现,对身体体验的合法性给予了承认,其认为概念形成、判断推理是在身体体验、身体构造与外部世界互动的基础上进行。概念和意义就是通过身体体验固定下来的。[①] 这是法律因应情感、涵养社会的基础。

第二,情感本身可能被理解为不具有规范性、客观性与确定性的东西。诚然,文化规范、价值选择与情感有深层次的关系,它具有正当性,但“情”也有可能被夸张使用、滥用,所以,在传统社会“情”是需要以“理”“礼”(法)作为判断标准的,这是法理法律以“情”为基础的同时,对于情感自身,实质上就是人自

---

① 参见马玉君:《真理和体验哲学》,载《人文杂志》2007 年第 5 期;王寅:《体验哲学:一种新的哲学理论》,载《哲学动态》2003 年第 7 期。

身所具有的缺陷的防范、调适与规范。

第三,“情”也应成为司法实践中考虑的东西,纠纷解决者回应当事人的情感诉求和对情感的巧妙利用,是在工具价值意义上对情感的认可。

第三章　多元文化与公共领域建设的法治化

我国法律体系规定了族群平等制度和族群权利。群体权利包括民族(族群)区域自治(权)、自治法规制定权、维持和改革风俗习惯的权利、使用和发展本族群语言文字的权利和群体代表权等。这些权利的目的是实现族群之间平等、团结、互助的关系,建设富强、民主、文明的国家。本章主要从关系结构视角出发,对族群权利与公共领域之间的关系进行解读。

一、民族区域自治的法治化

民族区域自治的具体实践方式受到整个国家治理理念、治理方式的影响。在二十世纪五六十年代,虽然有一些法律制度建设方面的努力,但整个国家主要通过政策方式治理,民族区域自治同样以党的民族政策的方式实施。改革开放以来,民族区域自治的制度化和法律化建设不断加强,各自治区、自治州、自治县积极行使自治权,制定自治条例、单行条例,对法律法规按照授权进行变通和补充。这些措施促进了民族区域自治向制度化、法制化发展,为国家政治生活奠定了基本规范。尤其是近些年来,在政府、社会与学界的共同努力下,法治观念深入人心,“法治国家”、“法治社会”与“法治政府”等概念的社会认知度越来越高,法治建设正在全国各地稳步推进。“区域法治”一词可以用来概括目前正在进行的法治工作。如果仅从字义出发,对于“区域法治”的理解可能会因实际情况出现多种解释,但在民族区域自治的意义上,区域法治可以界定为民族国家领土范围内的一部分——民族自治地方的法治实践。从全国范围看,区域法治是丰富的地方差异性、文化多样性与国家法治统一性的结合。

(一)民族区域自治法治化的内涵

1. 国家统一。实行民族区域自治的最终落脚点是为了更好地实现国家统一,而不是自治;既要政治法律上的统一,也要实现文化的共同性,又要让民族自治地方根据本地方特色和族群文化特色进行针对性治理。因此,这意味着民族区域自治是一项不同于个人为基础的多元主义,也不同于文化多元主义论者的多元主义的制度设计。

2. 民族自治与区域自治的结合。民族区域自治以少数民族聚居的事实为前提,在少数民族聚居的地方实行区域自治,设立自治机关,行使自治权,自主地管理本族群内部事务和本地区的内部事务。

3. 非民族自决。民族区域自治是多民族国家解决国内问题和族群关系的制度,属于国内事务。民族自决是以寻求民族解放和实现民族独立为目标,属于处理国家间国际关系的理论。

(二)民族区域自治法治化的理论基础:族群地方性知识

民族自治地方的区域法治与一般行政区域的区域法治有共同的理论基础:一是统一与分权理论,二是地方性知识。此外,前者还须遵循族群平等与族群权利理论。对于统一与分权、族群平等与族群权利第二章已有涉及。此处主要分析作为民族自治地方法治化理论基础的族群地方性知识。这样做的理由是,虽然民族区域自治的核心是族群自治性亦即族群的文化自主,但族群性总是在与具体的生态环境和人文环境的结合中得以呈现。

借鉴吉尔兹关于地方性知识的理论,笔者提到的地方性知识乃是在国家—社会的关系视角中考量一国之内区域法治的理论基础,体现国家内部不同区域之间的历史与文化传统[①]的差异性、连续性与合理性以及所面临问题的特殊

---

① 传统文化与文化传统并不相同。学者刘梦溪把传统文化界定为传统社会的文化,包括物质的历史遗存、非物质文化遗产;把文化传统界定为传统文化背后的精神、理念、规则,每一个人都不可避免地站在文化传统的延长线上。他还认为,文化传统分为大传统和小传统,大传统就是社会的主流思想,小传统就是民间的习俗和信仰。中国有发达的民间社会,由此,小传统特别发达,内容丰富,形式多样,常与习俗结合在一起,不易改变。参见刘梦溪:《如何追寻文化的价值信仰》,载《中国文化报》2014 年 7 月 3 日,第 3 版。可以说在民族国家内部,地方性知识就是小传统的另一种比较时髦当然也是更为书面化的说辞。

性,其意味着自治内容的可能范围。就这点而言,民族区域自治法与其他地方性法规并无质的不同。宪法、立法法与民族区域自治法对于地方性知识在地方立法中的重要性均表示了肯定,在对地方立法的评估工作中最常见的一条批评性意见就是没有反映出当地特色。

1. 差异性问题

承认民族自治地方与其他地方历史文化传统的差异性,包含三层意思:第一,族群性以特有的语言文字、宗教教义、宗教禁忌、信仰仪式、风俗习惯、民间碑刻、格言谚语等具有特色的文化形式表现出来;第二,族群小聚居的生态环境不尽相同,因为资源禀赋、生计方式、族群类别、交通、信息等方面的差异,族群文化呈现地方性特色,这是族群文化对空间进行适应的结果;第三,区域法治在理论上认可影响法治的力量不仅来自国家,而且来自社会。《立法法》作为我国一部重要的宪法性文件,在 2015 年首次修改后将地方立法权扩大到设区的市,从而全国享有地方性法规制定权的市由原来的 49 个一跃扩展到 284 个,从而完成了我国地方立法权扩容的重大调整。这不仅是中央与地方关系的一次变化,也是国家与社会关系的一次变化。

2. 连续性问题

同一文化共同体意味着将自己的历史与文化传统简化为起源相同并在社会成员的代际传承,这在本质上就是文化自身的教化潜能。文化的基础必须是同意的,以主体的思考能力为必要条件;对于社会的新分子而言,往往是教化的、被给予的。教化成为可能就是因为社会文化环境相对稳定,经常的、剧烈的社会变迁会摧毁教化性力量发挥作用的基础。在现代社会变迁中,教化权力受到了挑战,经验仅对相似的情况发生作用而无法指导解决新情况下产生的问题,这样教化性权力便部分地失去了存在的依据。在社会变迁中,习惯成为适应的障碍,经验被等同于顽固和落伍。[①] 民族地方的区域法治要恰如其分地对民族地方与民族社会的人文、地理、交通和生态等因素的影响程度作出恰如其分的反馈。

3. 合理性问题

对于差异性的地方性知识的尊重与宽容,假定了同一文化共同体内部成长

---

① 关于教化权力的论述参见李培林等:《二十世纪的中国:学术与社会》(社会学卷),山东人民出版社 2001 年版,第 100 ~ 102 页。

起来的人员之间的同质性，并假定了其合理性，但并不意味着可以不加反思、不加区别地承认特定社会的文化，[①]因为这会导致将文化传统的所有内容置于制度的"特许保护"之下，最终以文化多样性扼杀了主体多元性，限制主体对于自己置身于其中的文化传统进行反思批判、自主选择的权利，限制个体接近、学习、参考其他文化传统的可能性。[②] 我国《民族区域自治法》的规定显然包含了这种考虑，比如，第 6 条用了"继承和发扬民族文化的优良传统"的文字表述，第 10 条则用了民族地方的自治机关"有保持或者改革自己的风俗习惯的自由"，即包含了各族群对于自己族群历史与文化传统的反思与改进。显然，由此会产生什么是"优秀"、标准如何、有哪些因素影响了一种文化中的某些内容被认为是不合理、不优秀、通过什么样的程序机制对那些有可能是不合理的内容进行过滤等一连串问题。

（三）民族区域自治法治化的历史基础

如果把法治理解为是一套与特定的价值原则相关，并围绕这套价值原则建立的一系列制度以及与此相适应的特定社会秩序的话，那民族区域自治法治化便是从中国本身的政治实践中摸索出来的政治法律制度。如果放在中国固有的"关系结构—个体/主体"视角中考虑，个人、集体都是一个关系结构中的存在；如果从"个人/主体—关系"出发，现代社会的个人的自我认同通过隐喻而形成的各种各样的以集体为单位的"自我"与自我身份认同话语，不过是增加了思考评价历史上的族群自治实践迁延而来的政治实践的一个视角。如果非要找出与以往不同的东西，笔者以为主要在两点意义上：一是想改变以政策为主的习惯性做法，为处理中央与地方的关系、整个国家的一般性与族群自治地方特殊性之间的关系，找到一个稳健有序的解决问题的办法；二是通信、交通的快速发展与人口的流动，把国内不同的族群文化空前地联系在一起，族群文化的自我认同被凸显出来，更重要的是在各自强调自己的特殊性、自主性的时候，公共性建设变得较之以往更加重要且迫切。如果没有彼此间的交集，自我的个性及身份认同与公共性都将是缺少现实基础的想法。统一性与自主性是考察民族区域自治法治化历史基础的核心线索，族群文化多样性与公共性是现代社

① 比如，历史上的殉葬、凌迟、割礼与一夫多妻、一妻多夫等。

② 赵士发：《合理性——价值论研究的焦点》，载《社会科学动态》2000 年第 1 期。

会人类追求自我身份认同衍生出来的主题。统一性蕴含公共性,公共性为统一性建设提供基础。

就历史传承而言,少数民族社会的地方性知识得以保存、延续与当时的经济发展状况、文化交流状况、社会发展程度以及自然环境对交通发展的阻滞密切相关,也在相当程度上影响了历代中央王朝的治理政策。这就是边疆少数民族地方不能与内地相同,也不能形成某一种固定的模式,而是坚持所谓“修其教不易其俗,齐其政不易其宜”的原因。因俗重宜,在中央与地方的关系上保持若干类型。大致情形是,从建立大一统政权的秦王朝开始,就在今天的广西、广东和福建等地方即所谓“越人”聚居的地区设立桂林、象郡、南海和闽中四郡,直接进行治理;在西南的巴蜀实行“自治”。① 汉朝沿袭秦朝做法,在中央王朝的统治下,通过授予各少数民族首领以官职甚至封为王侯的方式来实现民族地区的治理,这种治理办法称为羁縻制度,到元明清时期发展成为土司制度。可以说,一国多制的国家结构形式有着很深厚久远的历史基础。②

清朝作为一个多民族国家,在遵循国家统一原则下,循序渐进,针对不同民族地方制定了不同的具体制度,并设立了管理民族地方与民族事务的机关。清政府通过立法将宗教事务与世俗事务区分开来,禁止宗教组织干涉行政司法事务;对宗教组织根据其政治忠诚程度赋予其大小不一的宗教事务管理权力。③在民族地方民众的日常事务方面,形成了一套统一的法律制度:对于刑事重案即发遣、死罪案件,依照与汉族地区同样的规则进行处理,其他较轻刑事案件则由本民族部落自行审理,民事纠纷则按照少数民族习惯法自行解决;司法终审权归属于中央。实质上,这是以国家统一为前提,在各少数民族社会实行不同程度的“自治”政策,或者是实行“以夷制夷”的土司制度,让本族群自己管理本族群内部事务,这就为各少数民族地方性知识的发展提供了制度空间。④ 对于传统社会族群地方性知识地位的理解,笔者赞同一位学者的观点,任何一种知识都是按照当时的心理需要和社会需要生产的,不应当将在现代社会自治与民主背景下看待地方性知识的方式套用于传统社会,社会结构、社会制度、大众影

---

① 《后汉书·南蛮西南夷列传》:“及秦惠王并巴中,以巴氏为夷君长。”

② 方铁:《论羁縻治策向土官土司制度的演变》,载《中国边疆实地研究》2011 年第 3 期。

③ 田庆锋:《清代中国宗教立法研究》,人民出版社 2014 年版,第 231 ~238 页。

④ 王存河:《宗教对西部少数民族习惯法的影响》,载《兰州大学学报》2007 年第 3 期。

响等是在现代社会才引起广泛关注的问题，是历时性出现的问题，而非共时性的一开始就成为古人们思考问题的视角的问题。[①]

近代以来，关于族群性知识和地方性知识的关注，需要放在中国近代历史的特定背景中去考察，对于地方性知识的关注并不是单纯地要强化其在一个国家政治体系中的地位，去争夺权力、权利和利益，而恰恰是通过加强民族国家建设，通过国家的力量解决国家内部的团结，结束"一盘散沙"状态，形成一个国家、地方与民众共同作用的法治场域。法制对于国家而言，是通过以西方法制为模范对象移植西方国家法律，减轻西方国家对于中国国家法律主权的威胁，减少社会不满，巩固政权。中国固有的地方性知识（包括大传统和小传统）成了被评价被改造的对象。也可以说，在这一过程中，中国固有的知识传统成了特殊性的地方性知识，成了被评价被改造的对象。通过推行法律变革，强化国家制定法的地位与作用的过程，实质上也是打破地方性和家族性，强化统一性和普适性，解决整个国家面临的"一盘散沙"难题，"以一套建构的理想化标准把民众的生活'拉入'国家建设的整体进程中"。[②] 这一过程在新中国成立后得到了强化。

但"二战"以来，全球范围内的以国家、民族、族群等集体作为权利主体，来表达自己利益诉求的各种主张对我国民族区域自治并非没有影响。一方面，是民族国家都在利用民族国家理论、民族自决权理论解决殖民主义，实现民族国家包括多族群民族国家的独立解放，但另一方面，以"一个民族、一个国家"为核心内容的民族自决权理论对于多族群民族国家的内部治理具有破坏性的效果，在一些国家导致了"分离主义"运动。对此，一些学者认为，应用自治权、政治参与权置换自决权。[③] 笔者认为，应将自治权与自决权进行区分而非置换，在国内政治法律秩序中运用自治权、政治参与权概念，以尊重一国宪法秩序和国家统一，而自决权属于国际政治秩序中的概念。

从国内发展看，随着改革发展，各地方各族群人口都以历史上任何形式的

---

① 赵汀阳：《没有世界观的世界》，中国人民大学出版社2003年版，第114页。

② 田成有：《乡土社会中的国家法与民间法》，载《民间法》（第1卷），山东人民出版社2002年版，第2页。

③ 田飞龙：《瑞士族群治理模式评说——基于"宪法爱国主义"的公民联邦制》，载《法学》2010年第10期。

族群互动都无法比拟的方式、规模和深度联系在一起，在社会与文化层面上，在族群性知识、地方性知识的互动中建设公共领域、发展公共性、铸牢共同性都是非常迫切的问题。通过公共性的发展，为国家统一性的实现奠定一个良好的社会与文化基础。

（四）自治权与法制统一

中华人民共和国建立伊始，就在《中国人民政治协同会议共同纲领》和1952年《宪法》中规定了民族区域自治制度，但这一基本宪法制度的真正实现则有赖于民族识别、民族干部培养、少数民族地方民主改革等一系列相关政治实践，并且通过政策推进。1984年《民族区域自治法》通过实施，民族区域自治走向了法制化与规范化道路。① 民族自治地方开始制定自治条例和单行条例，全面推进民族区域自治法制化，至今已经基本形成由宪法、法律、法规组成的民族区域自治的规范体系，将政治制度法律化、规范化、具体化，为自治权行使的法治化打下了制度基础。

在中央与地方立法关系法治化的指导思想下，民族自治地方的区域法治建设必须以法治国家的整体目标为依据进行调适，任何一个区域内的法治都必须将国家立法的法律规则置于核心地位统一适用，并且接受民族国家的终局性权威，尊重宪法、法律、行政法规、地方性法规、自治法规、规章之间的效力位阶。② 以下笔者就自治法规立法权、变通或补充法律自治权和变通、停止执行权等权力与法制统一性之间的关系做具体分析。

1. 自治立法与统一法制在价值层面上的统一

一是自治立法不能与整个法律体系的价值取向相抵触；二是在族群及族群文化关系方面，民族自治地方的自治立法不能在支持自治族群的族群文化时，限制、剥夺其他族群对文化的选择权，也就是宪法所禁止的地方民族主义；三是在处理族群文化与个人权利方面，民族自治地方的自治立法不能以维护族群文化的整体性完整性为由，形成对内限制，即限制族群文化成员依照法律所享有

---

① 关于民族区域法制化的内容参见徐学朝：《新中国民族区域自治制度法制化的基本历程》，载《黑龙江史志》2012年第16期；汤洋：《中国民族区域自治制度的历史与现实基础》，载《黑龙江民族丛刊》2013年第1期。

② 参见《立法法》第75条规定，《地方各级人民代表大会和地方各级政府组织法》第7条、第8条、第43条、第44条、第59条规定。

的各项权利。

根据笔者参与地方立法论证的体会，地方立法中容易出现的问题包括：在细化补充上位法规定的主要制度与措施时，容易在行政程序方面增加程序性审批环节，变相增加行业或者部门权力；或者在行政处罚方面违反上位法规定，扩大行政处罚权限，增加罚款方面的处罚幅度，或者为了地方经济考虑违反上位法的规定。

2. 自治立法与统一法制在内容层面的统一与补充

民族自治地方立法应当以其自治权限的范围为依据，在遵循法制统一原则基础上，充分考虑民族自治地方政治、经济和文化特点而制定。国家统一立法完全能规范和解决的社会关系，民族自治地方的立法并无必要。就此而言，民族自治地方的立法具有补充性。

考察地方立法，存在的主要问题之一就是对于法律的体系性与补充性之间关系的理解出现了偏差。地方立法为了体现自身的系统性大量重复上位法的文字规定，忽视了地方立法应对上位法进行细化补充并与上位法之间形成一个内容衔接但不重复的整体的要求。实践中大量的情形是，地方立法重复上位法的内容并在结构上区分为同样的章节条款，如此做似乎全面系统，其实并没有根据地方特色细化上位法规定。

从比较宽泛的意义上，下位法对上位法的补充可以分为三种情形：一类是根据本地实际情况细化上位法规定，主要是对执法部门的职权职责细化，以及对工作内容的展开程序、内容和责任条款进行细化；另一类是对于具有本地方特色而上位法没有规定或者不宜规定，但在本族群本地方非常重要确有通过立法进行调整必要的，以民族地方立法的形式进行调整，与上位法形成补充关系；最后一类是对于上位法中的内容进行变通或者停止执行。

（五）族群地方性知识的法律表述

对于民族自治地方的地方性知识进行现实的和历史的考察奠定了区域法治的合理性基础。随着《立法法》对于地方性知识的开放，出现了法制统一、法治碎片化和地方保护主义增强等诸如此类的隐忧，此外，就是以各种形态存在的地方性知识的法律表述问题。社科法学和法教义学之间的争论即在于此：一方面，区域法治是以地方性知识为现实基础，“区域法治的形成是政治、经济、行政区划、区位、资源、制度、观念、历史、人口、文化、风俗、信息等因素共同作用的结果。不同地区在不同发展阶段,每个社会因素的作用都是不同的,从而造成区域法治发展的差异性是客观存在的、长期的。区域法治的完善程度对于我国实现依法治国,具有不可替代的基础性、战略性甚至是决定性的作用。[①] 从社科法学的角度看来,区域法治就是作为自主系统的法律对于地方日常生活的反映,并与其他社会系统一起构成了秩序化、常态化的生活方式。在区域法治的意义上,社科法学正确指出了地方性知识作为语境对于法治的基础性地位,其贡献在于:第一,否定了国家中心主义,承认了社会的重要性;第二,否定了一元论的法律规则论,承认了法律一元、规范多元论。不过另一方面,在法教义学看来法律自身有自己的编码系统,法律内部在逻辑上是贯通性的。有学者指出二者的关联,即法教义学是社科法学的速记、简写。由各种教义出发,可以极大地降低思考和操作的成本,除非例外,没有必要每次都对教义进行检验。[②] 但因为分析思维训练的缺乏,导致其将二者视为对立的东西。

当法教义学从一个既定的规则体系出发来思考时,规则体系本身就具有易操作、路径清晰、可移植、可继承的优点,但其"知其然不知其所以然"的特点在社会变迁、文化多样性面前就会使其缺陷暴露得更为突出。当规则要调整的对象与规则据以产生的原生土壤——另一种地方性知识之间严重不符时,矛盾在所难免。但这也不能得出地方性知识以其原生状态发挥作用,从而形成无政府主义的规则状态。法律规则与其他规则之间是一种合理划界、共生互补的关系,而非尊崇非此即彼的冲突论。

所谓共生互补包含以下几层意思:一是法律规则本身需要与族群本真文化之间保持有机的联系,保证法律规则本身是地方性知识的结果。在法律规则与其他规则之间形成有序状态,让法律规则开放"认知系统",使其边缘部分与道德、风俗习惯、宗教信仰、经济等系统保持结构性联系,汲取合理性资源并输入法律系统的中心,从而使这些具有区域合法性的知识资源,被该区域内的人们主动接受、认可和使用,保证区域内法治系统的正常运转。

二是道德、习惯和宗教等与法律不同,其有自己的运作系统,不能作为区域

---

① 夏锦文:《区域法治发展的法理学思考——一个初步的研究构架》,载《南京师范大学学报(社会科学版)》2014 年第 1 期。

② 熊秉元:《论社科法学与教义法学之争》,载《华东政法大学学报》2014 年第 6 期。

法治的替代物。所有民间法、习惯法均是法治的资源,但是从另一方面看,法律规则是区别于道德、习惯、宗教等的相对自治的系统,后者可以增加前者“合理性”的分量,却不能成为区域法治的直接渊源。规则多元可以拓宽我们对规范和制度的理解,但不能消解法律规则的权威性。

三是法治秩序意味着以成文的法律规则为主,这就要求区域法治是一个结构性关系。一方面,区域法治不得与国家层面的法律制度有明显的冲突,立法规则限定了区域法治的作用大小、范围与限度;另一方面,宗教、道德与风俗习惯要以成文的法律规则为中心发挥自己的价值,和法律规则一起结成一个维持整个社会秩序正常运转的系统。当有人试图破坏这种秩序有机体时,作为族群本真文化的地方性知识可以发挥自己的补充协助角色,通过“定分止争”尽可能地恢复秩序状态,法律规则则以其权威性力量表示对族群文化的支持。用一种简化的说法,区域法治内部关系可描述为:规则以及适用规则的诉讼程序和法院,位于区域法治的核心;规范多元结构中的其他规范形态和制度形态位于边缘,并且在现代社会中边缘对核心有一定的依附关系。

二、自治法规与族群地方性文化

法律法规都会有关于法律法规空间效力范围的规定。用法律实证主义的眼光考量,法律法规的空间效力范围的划定当然主要是基于主权原因或者管辖方面的原因,而且该规范性文件经过法定程序。然而如果换一个角度考虑,它还意味着立法者的责任——对空间范围的认知。虽然没有哪一部法律法规会用明确的文字对其所调整的空间范围的具体情形进行描述,但自然地理环境对于族群文化、经济活动、生活方式的潜在影响应当在自治法规的内容中得到回应。自治法规应当是社会文化环境的生成之物,对自治法规的考察离不开其生成语境。

(一)族群文化在现行国家制定法中的地位

20 世纪 80 年代以来,随着国家恢复和落实民族政策,少数民族习惯法在制定法上获得了自己的独特地位。表现在以下方面:

第一,宪法及宪法性法律。我国《宪法》第 116 条规定:“民族自治地方的人民代表大会有权依照当地民族的政治、经济和文化的特点,制定自治条例和单行条例。”《立法法》第 75 条规定:“民族自治地方的人民代表大会有权依照当地民族的政治、经济和文化的特点,制定自治条例和单行条例……自治条例和单行条例可以依照当地民族的特点,对法律和行政法规的规定作出变通规定。"《民族区域自治法》第19条规定:"民族自治地方的人民代表大会有权依照当地民族的政治、经济和文化的特点,制定自治条例和单行条例。自治区的自治条例和单行条例,报全国人民代表大会常务委员会批准后生效。自治州、自治县的自治条例和单行条例报省、自治区、直辖市的人民代表大会常务委员会批准后生效,并报全国人民代表大会常务委员会和国务院备案。"

第二,与习惯法有关(包括习惯、惯例、风俗在内)的刑事法律规范。中华人民共和国成立后党和政府在关乎少数民族立法问题上继续坚持维护法制统一与兼顾少数民族特点相结合的原则,刑事立法中就有不少这方面的规定,例如,1958年国务院《关于处理走私案件十项原则》第7条规定:"对少数民族的走私……情节重大的,应该同样按照上述处理原则严肃处理。但是处罚尺度应比对汉族为宽。对于未改革地区少数民族走私的处理可以再稍宽一些。对少数民族上层人物的走私应联系民族事务部门处理。"1979年《刑法》第80条明确规定:"民族自治地方不能全部适用本法规定的可以由自治区或者省的国家权力机关根据当地民族的政治、经济、文化特点和本法规定的基本原则,制定变通或者补充的规定,报请全国人民代表大会常务委员会批准施行。"1997年《刑法》第90条规定:"民族自治地方不能全部适用本法规定的,可以由自治区或者省的人民代表大会根据当地民族的政治、经济、文化的特点和本法规定的基本原则,制定变通或者补充的规定,报请全国人民代表大会常务委员会批准施行。"

另外,《刑法》第251条规定:"国家机关工作人员非法剥夺公民的宗教信仰自由和侵犯少数民族习惯,情节严重的,处2年以下有期徒刑或者拘役。"最高人民法院《关于执行〈中华人民共和国刑法〉确定罪名的规定》:"第251条非法剥夺公民宗教信仰自由罪、侵犯少数民族风俗习惯罪"。最高人民检察院《关于适用刑法分则规定的罪名的意见》:"174、侵犯少数民族风俗习惯罪(第251条)。"可以看出,该罪名的主体为特殊主体,所保护的法益为少数民族保持自己风俗的权利与利益。该条反映了国家对于少数民族风俗习惯的尊重和保护义务。

第三,与习惯法有关的民事法律规定。《民法典》最显著的是在第10条规定了习惯的法源地位,其他各条对习惯的法源地位进行了细化规定。主要体现在:第 140 条、第 142 条所涉及的意思表示及其解释,第 289 条所涉及的相邻关系处理,第 321 条所涉及的孳息的确定,第 480 条、第 484 条、第 509 条、第 510 条、第 515 条、第 558 条、第 559 条、第 622 条、第 680 条、第 814 条、第 891 条所涉及的交易习惯在承诺方式及生效、合同义务的解释、标的物单证的提供及检视的地位,以及第 1015 条所涉及的自然人姓氏方面的风俗习惯。

第四,其他相关条文。《宪法》第 4 条第 3 款规定:“各民族都有使用和发展自己的语言文字的自由,都有保持或者改革自己的风俗习惯的自由。”《宪法》第 19 条第 5 款规定:“国家推广全国通用的普通话。”《宪法》第 121 条规定:“民族自治地方的自治机关在执行职务的时候,依照本民族自治地方自治条例的规定,使用当地通用的一种或者几种语言文字。”《宪法》第 139 条规定:“各民族公民都有用本民族语言进行诉讼的权利,人民法院和人民检察院对于不通晓当地通用的语言文字的诉讼参与人,应当为他们翻译。在少数民族聚居或者多民族共同居住的地区,应当用当地通用的语言进行审理;起诉书、判决书、布告和其他文书应当根据实际需要使用当地通用的一种或者几种文字。”因为语言与风俗习惯、权利义务观念有着密切的关系,存在一种语言中的语词、术语有时表达了其他语言难以传达的意思的情形。

(二)自治立法中的族群文化

自治立法中的族群生活既是一种生活事实,也是制度赋予其的一种法律上的身份。根据我国各族群大分散小聚居的实际,族群文化在地方立法层面上得到表述的渠道有两个:一是地方性法规、政府规章对于本省、市、自治区的族群文化进行规定;二是行使自治立法权,在自治条例和单行条例中对本族群自治地方需要规制的事项进行立法。一般而言,中央立法、地方性法规更加注重所调整领域的普遍性与一般性,对于族群自治地方的特殊情况难免有考虑不周的地方,或者从立法技术上考虑,在一部法规中对于文化多样性事实全部规定进去。因而,通过自治立法,族群自治地方对于法律、行政法规、地方性法规中规定的相对概括抽象的内容进一步根据本族群地方的实际情况,制定更加细化的具有可操作性、实施性内容;或者对于不适合本族群自治地方的内容进行变通或者补充;或者是对于上位法中没有规定的事项进行创制性立法。以下对自治立法几个突出的方面进行说明。

1. 对法律法规的变通或者补充情况

各族群自治地方行使法律法规变通权最突出的例子在婚姻家庭领域。1980 年《婚姻法》颁布后，各自治区、各自治州都采用《×××自治区（自治州）执行婚姻法的补充规定》[①]的形式，对于婚姻法中的相关条款进行补充或者变通。从时间段上看，主要是在 20 世纪 80 年代。

为便于分析，对于《婚姻法》的变通或补充的具体内容，我们先以《新疆维吾尔自治区执行婚姻法的补充规定》为例，照录如下：

> 第一条　根据中华人民共和国婚姻法第三十六条的规定，特制定本规定。
>
> 第二条　少数民族公民的结婚年龄，男不得早于二十周岁，女不得早于十八周岁。[②]
>
> 第三条　依照中华人民共和国婚姻法的规定，禁止三代以内的旁系血亲结婚。
>
> 第四条　寡妇有再结婚的自由，任何人不得以任何借口进行干涉。
>
> 第五条　禁止买卖婚姻和借婚姻索取财物。
>
> 第六条　结婚、离婚必须履行法律手续。禁止一方用口头或文字通知对方的方法离婚。
>
> 第七条　禁止宗教干涉婚姻家庭。
>
> 禁止以宗教仪式代替法定结婚登记。
>
> 第八条　禁止未达结婚年龄的男女预先订婚。
>
> 第九条　在少数民族中不提倡计划生育。个人是否实行计划生育，听从自愿。[③]

---

① 笔者搜索阅读的范围有：自治区如新疆、宁夏、内蒙古、西藏、广西；自治州包括青海省的海南、海北、果洛、黄南、玉树等，四川的甘孜、阿坝，新疆的哈萨克等；自治县如大通、民和、互助、化隆、循化、门源、河南等。

② 本条在 1988 年被修改为："少数民族公民的结婚年龄，男不得早于二十周岁，女不得早于十八周岁。"参见北大法宝，载北大法宝网，http://www.pkulaw.com，最后访问日期：2022 年 3 月 28 日。

③ 本规定在 1983 年进行过修改，修改为："在少数民族中也要实行计划生育，但必须加强宣传教育，积极创造条件，逐步推行。对汉族和少数民族实行计划生育要有区别，对汉族要求要严，对少数民族要适当放宽。"

第十条　本规定只适用于本自治区各少数民族。[①]

第十一条　自治州、自治县人民代表大会或它的常务委员会可以根据当地少数民族婚姻家庭的具体情况，依照中华人民共和国婚姻法和本规定的原则，制定某些变通或补充规定，报请自治区人民代表大会常务委员会批准施行。

第十二条　本规定自1981年1月1日起与中华人民共和国婚姻法同时施行。

结合宁夏回族自治区和青海门源、循化、化隆对于《婚姻法》的补充规定，新疆对《婚姻法》变通的内容主要体现在婚姻年龄和计划生育，这与其他族群自治地方一致。在对婚姻自主方面，新疆根据本族群情况进行了补充，主要表现在：第一，在宗教教义与婚姻自主方面，规定了不同族群的男女结婚，受国家法律保护。宗教教义属于个人选择领域，不能以宗教仪式代替婚姻登记程序。第二，不得以任何理由干涉寡妇再嫁。第三，禁止买卖婚姻，禁止以婚姻名义索取财物等。

在西藏以及各藏族自治州，对《婚姻法》的变通与补充可以以《西藏自治区施行〈中华人民共和国婚姻法〉的变通条例》为例进行分析。其内容照录如下：

根据中华人民共和国婚姻法第三十六条的规定，结合西藏自治区各少数民族婚姻家庭的实际情况，对中华人民共和国婚姻法的有关条款作如下变通：

第一条　结婚年龄，男不得早于二十周岁，女不得早于十八周岁。

第二条　废除一夫多妻，一妻多夫等封建婚姻，对执行本条例之前形成的上述婚姻关系，凡不主动提出解除婚姻关系者，准予维持。

第三条　对各少数民族传统的婚嫁仪式，在不妨害婚姻自由原则的前提下，应予尊重。

第四条　禁止利用宗教干涉婚姻家庭。

第五条　结婚、离婚必须履行登记手续。

---

① 本条在1988年被删除。

第六条　对非婚生子女生活费和教育费的负担，应按中华人民共和国婚姻法第十九条的规定执行。改变全由生母负担的习惯。

第七条　本条例自一九八二年元月一日起施行。凡本变通条例未加补充或变更的条款，均按中华人民共和国婚姻法的规定执行。①

再结合甘肃省甘南、青海省的玉树、果洛、海西、海南、互助等州县以及四川省的甘孜、阿坝对于《婚姻法》的变通或者补充规定，可以发现，西藏对《婚姻法》的变通主要体现在男女结婚年龄均比《婚姻法》规定的年龄提前了 2 岁，其他内容属于补充规定：第一，强调了结婚和离婚都要履行法律程序，以口头或文字方式通知离婚的，一律无效。不能以宗教仪式替代法律规定的婚姻缔结程序。禁止干涉寡妇再嫁。第二，任何人都不得干涉和歧视不同族群男女之间的婚姻，突出防止以族群文化为界限，限制个人的婚姻自主权。第三，根据藏族婚俗实际，强调了非婚生子女与婚生子女的平等权利。第四，强调了一夫一妻制度。

2. 上位法实施性规定的制定情况

《立法法》规定地方性法规等可以根据本地方实际情况，制定上位法的实施性规定。据笔者在网上不全面的搜索阅读，发现全国各自治州、自治县制定的自治条例之间的区别并不是很大，族群性、区域性的特点主要通过单行条例表现出来。笔者主要搜索整理了甘肃、青海、宁夏等省、自治区的规范性文件，我们先看实施性规定。

在三省区的实施性规定中，有的是以地方性法规的形式（宁夏）出现，有的是以自治条例和单行条例（甘肃、青海）的形式出现。其中，甘肃、青海两省的自治州县、自治县制定的自治条例总共 20 件，其中甘肃 9 件，青海 11 件，笔者在宁夏回族自治区人大常委会网上没有搜索到自治条例的详细情况。

以单行条例或者地方性法规形式实施上位法规定的情形可以分别说明：

在甘肃省各族群自治地方制定的单行条例中，藏族自治地方的实施性规定主要涉及：市容与卫生（2 件）、生态保护（9 件）、义务教育（2 件）、矿产资源开发与保护（2 件）、家禽防疫（2 件），应该说，大体反映了藏族自治州县生计方式

① 《西藏自治区施行〈中华人民共和国婚姻法〉的变通条例》载于西藏自治区人大常委会网。该条例在 2004 年被修改。此处摘录的是 2004 年修改后的规定。

的特点具有族群性特点，体现了上位法对于下位法的要求。回族自治州县则主要涉及非公有经济、商业贸易、农畜产品加工等领域。[①]

从宁夏回族自治区人大网“地方性法规”一栏中的立法文件(2008～2017年)可以看出，宁夏在实施上位规定的过程中，突出了如下方面：其中，生态环境保护方面的法规达14件之多，涉及特殊人群权利保障包括残疾人保障、被害人救助、养老条例、未成年人保护等共4件。其他主要体现在社会事业发展方面，如义务教育、教育督导、环境教育、禁止赌博、司法鉴定、文化市场管理、农业机械发展规划、烟花爆竹管理、燃气管理、劳动合同管理、人才市场、产品质量、房地产开发、文化市场管理、空间发展规划、市容环境卫生、家庭服务业、供热、抗旱防汛、供用电办法、岩画保护、慈善事业促进等领域。[②]

青海省各自治州、自治县的单行条例中，主要涉及自然资源与生态保护(36件)、教育(民族教育、职业教育、义务教育，共14件)、市容与环境卫生(13件)、土地管理(5件)、私营经济(3件)、防雷电灾害(1件)、文化市场(1件)、文物保护(1件)、综合治理(5件)等。

3. 创制性规定制定情况

对于各族群地方独有的重要事项，上位法一般不会规定，通常由各族群地方采取创制性立法。

甘肃省各自治州县创制性规定中涉及民族语言的有3件，清真食品的1件，藏医药的1件，草场纠纷解决办法的1件。从具体内容看，藏族民族自治地方突出了藏语和草场纠纷方面的规定，具有族群性和地域性，体现了上位法对于地方立法提出的有特色、可操作要求；[③]回族等信仰伊斯兰教的族群自治地方的单行条例突出了清真食品、民族特需用品、穆斯林风情旅游等族群文化特色。[④]

宁夏回族自治区的法规中，涉及清真食品生产经营方面的2件，枸杞产业的1件。[⑤] 突出了清真饮食和本地方特色产业等族群文化特色。

---

① 参见甘肃省人大常委会网，www. gsrdw. gov. cn。

② 参见宁夏回族自治区人大网，www. nxrd. gov. cn。

③ 如甘南藏族自治州、裕固族自治县、天祝藏族自治县、蒙古族自治县的单行条例。

④ 如临夏回族自治州的自治条例和单行条例，具体见甘肃省人大常委会网。

⑤ 参见宁夏回族自治区人大网，www. nxrd. gov. cn。

青海省的各州县的单行条例中涉及民族语言有 11 件,藏传佛教宗教教职人员管理与宗教活动场管理的 5 件,牧业基础设施方面的 1 件,藏医药蒙医药等传统医药发展与保护方面的 1 件,清真食品生产经营管理方面 1 件。①

4. 刑事法的变通问题

对于刑法原则的变通或者补充,《刑法》有明确规定。但搜索各族群自治地方立法例,除仅见到《宁夏回族自治区刑事被害人困难救助条例》(2010 年)之外,并没见到根据本族群、本地方特点对刑事法进行变通的实例,也没有见到创制性规定。但是以下几种情况值得注意:

第一,对于少数民族地区流传的抢婚习俗、早婚习俗的认识是否逐步与刑法规定形成了一致,不得而知。对于一些地方根据本地习俗形成的事实上的一夫多妻或者一妻多夫现象,各族群地方在关于《婚姻法》的补充规定中都强调了一夫一妻制,但是,对于已经存在的事实上的重婚现象该如何处理,都没有作出规定。在司法实践中,并没见到按照重婚罪追责的例子。

第二,少数民族生活方式的影响,一些少数民族有携带枪支弹药或者刀具的习惯,这与刑法上的规定不协调,但也没有见到对刑法上非法制造、买卖枪支罪名进行变通的例子。是不是各民族地方认为应该逐渐放弃这一风俗习惯,也不得而知。

第三,从学术研究看,法学界尤其是刑事法学界,对于刑事领域的习惯没有深入系统地研究,尤其缺少规范性的研究。社会学、人类学、民族学的成果表明,少数民族习惯对于刑事领域是实实在在有影响的,但这些学科无法进行规范性分析,各学科从各自的知识背景和方法角度对习惯法进行呈现,但从制度上如何进行应对,并非这些学科所追求。因为刑事立法需要更高的形式理性,刑事规范应当明确具体,表述严谨规范,这需要法学学者的介入。然而,法学领域对于习惯法表示关心的主要是法学理论、法律史学、民法学领域的部分学者,刑法领域的学者对习惯法等文化传统的关注非常少。

社科法学一直在批评法教义学的基本前提与本土具体情形之间存在隔阂。但就具有社科法学倾向的研究成果而言,社科法学对于习惯法的研究主要采用的是法学界并不擅长的社会学、人类学的研究方法,主要集中在习惯法的调查、

---

① 具体参见青海省人大常委会网,www. qhrd. gov. cn。

整理、分类、评价，或者是对习惯法背后的族群文化精神进行提炼、解释等。这导致了社科法条对于习惯法的研究更多的是从外部进行，无法凸显更多制度意义上的实践价值。

法学界关于刑事习惯法的研究队伍单薄，研究成果均屈指可数，主要集中在藏族赔命价、赔血价等几个为数不多的问题。[①] 探究其中原因，普遍以为刑法涉及国家刑罚权的发动问题，即使《刑法》赋予对《刑法》规定的变通权或者补充权，但是对于一些行为的性质进行变通，或者根据传统习惯对具体的刑罚幅度、种类进行改变，这不仅涉及上位法与下位法的复杂关系，也会涉及更加复杂的宪法上的平等原则。笔者猜测，大概是因为这些原因，尽管《刑法》规定了变通权，但在许多学者眼里，刑事习惯法是一个不太有“学术前景”的领域，最终导致研究群体人数少，刑事习惯法话语体系缺乏影响力，对于刑事习惯法进入民族地方立法很难提供智力支持，对于刑事司法活动也是如此。

(三)文化个性与共性

仔细阅读，分类比较，各民族自治地方的自治法规涉及很多领域，内容广泛。从其中审视族群文化，至少可以发现如下几点：

1.生态保护的理性化与命运共同体

各族群文化中均包含了与生态环境如何相处的内容。如果把文化分为显性文化和隐性文化的话，文化的显性形式反映了对生存环境的适应，生活于其中的群体必须使自己适应外部环境；隐性文化则意味着族群的思想、观念和心理等深层次的内容。人与生态环境如何相处，与人对族际社会关系以及人类身心关系的理解密切相关，是一体的；显性的与生态环境如何相处的具体而独特的观念、方式往往也会凸显族群文化的特点。我们知道不少族群文化传统中包含了环境保护等方面的内容，以宗教教义、宗教禁忌、格言、谚语等具体形式表现出来，然而在草原草场、水资源保护、矿产资源、土地资源的保护等领域，民族

---

① 笔者搜索到的主要有，梁华仁、石玉春：《论刑法在少数民族地区的变通》，载《政法论坛》2001年第2期；韩美秀、王楠高：《民族自治地方刑法变通或补充立法探究》，载《法学评论》2001年第2期；吴占英：《论我国刑法关于民族自治地方的变通补充权》，载《河北法学》2004年第3期；刘士国：《刑法在我国少数民族地区的变通探究》，载《理论学刊》2005年第2期；李健、邵栋豪：《我国民族自治地区刑事立法权的追问、批判与重构》，载《法学杂志》2005年第5期；张殿军：《刑法变通缺失语境的民族自治地方刑事司法路径》，载《贵州民族研究》2009年第1期等。相关著作只有杜宇：《重拾一种被放逐的知识传统》，北京大学出版社2005年版。

自治地方并没有将自己文化传统中的行为方式通过地方立法予以制度化的例子。对此，显然并不能简单理解为正式文化与非正式文化的实质内容完全一致，因为非正式文化中的一些内容与自治法规的理念并不相同，比如，自然崇拜观念支配下的资源利用、开发与保护。反之，如果由此推断在环境保护的内容、保护措施、手段方式等方面各民族表现出了理性化特点则是可以成立的。①

民族地方的自治法规与其他省市的地方性法规在生态保护方面的内容越来越趋同，在生态保护的指导思想、责任划分、保护机制、生态区域的功能划分等方面大同小异。可以断言，人与自然的相处已不再是以往封闭状态下的彼此相互隔离，人类活动能力、活动领域以及影响力，决定了各地方之间、族群之间、人与人之间虽然具体的地位、责任、利益等有所不同，但成为一个不可分割的责任共同体与命运共同体是一个事实和趋势，在生态文明建设领域各个族群文化之间的共识会越来越多。

2. 公共领域问题

各族群在与生态环境相适应过程中慢慢形成了独特的生计方式，以及与此有关的商品与各种服务，具有差异性和互补性。族群之间互补互动的领域就成了公共领域，需要形成一致的行动准则和价值观。此外，随着人们在交际过程面临的共同问题越来越多，需要对共同问题形成共识，比如，对于美好生态的追求是各族群文化比较容易达成共识的领域之一，各族群文化对于自己既有传统做法也需要进行适应性调整。笔者搜集到的正在起草审议中的甘肃省《宁夏回族自治州环境噪声污染防治条例（草案）》的两条内容引起笔者的注意，一条是清真寺、拱北、寺院、宫观、教堂等宗教活动场所应当使用低分贝扩音设备，并在使用时控制音量，减少对周边居民的工作、生活和休息的影响；另一条是各类宗教活动应当将安装使用合格音响器材的种类、数量向宗教事务主管部门进行备案，在开展临时性大型宗教活动另需音响设备时，应当向主管部门报批产生噪声污染的种类、使用期限及防范措施。

---

① 在对村规民约的考察中，也可以发现其理性化这一特点。传统的村规民约中，有关社会组织的组成与结构、村寨管理人员的产生条件、办法、权利与义务以及公共事务的管理、村规民约的执行中都渗透了宗教教义、宗教仪式等的影响。但今天的村规民约在话语体系、具体内容、执行力量方面表现出了理性化特点。从应然层面上看，国家要求村规民约符合其政策目标、价值取向。从实然层面上看，村民们原始宗教信仰的内容没有被纳入村规民约。

与族际互动无关的其他领域的行为准则和价值观则保持各自的独特性，但是，在族群之内各领域都可发生互动，会形成另一个层面上的公共领域。族群文化之间的互动在相当多的情形下是以个人的方式出现的，也不仅仅限于市场化的商品与服务；但这种个人之间的交往如产生矛盾纠纷时，往往会采取族群文化冲突的外包装形式。

关于族群文化间互动与各个领域关系影响的探讨，需要防止的是本质主义的族群概念。本质主义的族群概念把显示族群差别的文化特征倾向于视为静止和固定不变的。实际情况是，不同族群文化的人们在互动的具体区域形成行为标准与价值观方面的某种一致性，然而，由于不同区域互动主体的差异性和生态的差异性，文化的相似性或者共性其实也存在地域差异，这是一种与社会环境密切相关的、互动的、动态的一致性。这暗示了族群界定标准本身的包容性，各要素在不同地方被给予了不同程度的关注，但是，在一个确定的地方，族群文化特征却是稳定的、明确的。这说明了文化是一种关系结构，具有整体性特征。①

总之，所谓公共领域其实呈现了复杂性、层次性。对公共领域单纯从理论的角度进行分类分析的效果不会太好，最好是以整体的立法文本为依据，进行分析，避免理论分析中的自说自话，至少能从言说者的立场出发，观察言说者对于公共领域的现实思考。同时，公共领域的确定还需在具体案例中结合具体情境从而更加准确地定位。

3. 文化个性与个人自主

站在文化的立场上，立法活动是一种自觉的活动。费孝通先生曾对文化自觉进行过定义，认为文化自觉是对自己文化的自知之明，即明白其来历、形成过程、特色和发展趋向；自知之明是为了获得适应新环境、新时代文化选择的自主地位。文化自觉需要人们理解接触到多种文化，在已经形成的多元文化格局中确立自己的位置，自主适应，取长补短，结合其他文化共同建立一个有共同认可的基本秩序。事实上，文化自觉是自我和他者互相影响的。各族群保持文化个性、实现文化自觉需要制度环境和社会环境。这一点除了宪法和法律外，地方

① ［挪威］弗雷德里克·巴斯：《族群与边界》，马丽琴译，商务印书馆2014年版，第1～29页。另参见王明珂：《华夏边缘：历史记忆与族群认同》，浙江人民出版社2013年版，第5～60页。

性法规和自治法规中大体上规定了各族群平等参与管理国家政治、经济、文化、社会事务的权利，平等参与市场竞争和平等享受经济社会发展成果的权利，平等享有政府提供的公共服务和社会保障、接受国民教育的权利，禁止以族群身份设置障碍等。①

在此基础上，族群文化的个性及其发展就是看族群自己的判断，比如，《拉萨市民族团结进步条例》规定，各民族都有学习、使用和发展本民族语言文字的自由，都有保持或者改革本民族风俗习惯的自由，都有学习其他民族语言文字的自由，都有参加本民族传统节日活动和参与各民族传统节日活动的自由（第 10 条）；各民族享有维护、传承、发展本民族文化的权利；②各民族在语言文字、传统节日、风俗习惯、生活习惯和宗教信仰有同等的权利。③ 但是，就不同的族群而言，语言文字、宗教信仰、饮食习惯等在族群文化个性与族群边界上的重要程度有所不同，这一点在自治法规中得到了体现，比如，语言文字、藏传佛教的发展对于藏族，清真饮食对于信仰伊斯兰教的族群而言，是判断族群和族群边界的显著标志。④

族群身份对于个人行为往往造成有意或者无意的限制——所谓族群文化的内部约束问题，形成对于个人选择自由的过度干预。在这点上，自治法规对于《婚姻法》的变通或者补充条例以及《民族团结进步条例》规定了任何人不得利用宗教、民族风俗习惯、民族歧视或其他因素干涉各民族之间的婚姻自由。《青海省宗教事务条例》规定了宗教团体、宗教活动场所可以按照国家有关规

① 具体详见《拉萨市民族团结进步条例》（2012 年）、青海省《海南藏族自治州民族团结进步条例》（2016 年）、《海西蒙古族藏族自治州促进民族团结进步事业条例》、《黄南藏族自治州民族团结进步条例》（2016 年）、《果洛藏族自治州民族团结进步条例》（2014 年）、《海北藏族自治州民族团结进步条例》（2014 年），以及《西藏自治区文化市场管理条例》（2013 年）第 22 条、《西藏自治区实施〈中华人民共和国非物质文化遗产法〉办法》（2014 年）、《宁夏回族自治区地名条例》第 8 条、《宁夏回族自治区文化市场管理条例》（2015 年）。

② 参见《拉萨市民族团结进步条例》第 12 条。

③ 参见《拉萨市民族团结进步条例》第 16 条。

④ 主要有：食品方面《宁夏回族自治区清真食品管理条例》（2011 年修改）、《宁夏回族自治区食品生产加工小作坊和食品摊贩》（2010 年）和《青海省食品生产加工小作坊和食品摊贩管理条例》（2016 年）；宗教事务方面有《青海省宗教事务条例》（2009 年）、《青海省宗教活动场所管理规定》（1992 年），以及青海玉树、海南州、海西州、黄南洲《藏族自治州藏传佛教事务条例》；医药方面有《青海省发展中医藏医蒙医条例》（2010 年修改）；语言文字方面有青海省《海南藏族自治州藏语言文字工作条例》（2007 年修改）、《海西蒙古族藏族自治州蒙古族藏族语文工作条例》（2007 年修改），以及海北州、玉树州、果洛州、海南州、黄南州、海北州《藏语文工作条例》。

定,接受境内外组织或者个人自愿的布施、乜贴、奉献和其它方式的捐赠,但不得强迫或者摊派(第59条)。不过可以想到,与族群身份相关的区分性的价值标准差异越大,所牵涉的分属于不同族群之间的个人之间互动的约束就越多;那些与族群身份不一致的个人行为和情境一般并不被认可,在族群之间形成了一个持续性和标志性的差异。虽然正式制度赋予个人相应的选择自由,但是对于个人选择自由的非正式制度方面的限制则是存在的。这已属于另外一个问题。

三、公共领域的制度建构与文化基础

梳理对"公共领域"的研究成果,我们可以发现既有成果基本上沿着解读阿伦特和哈贝马斯关于公共领域的思考而展开,大体上属于学术史的探讨。在这个过程中,该概念的含义和适用范围逐渐得到了明晰,其丰富内涵得到了挖掘和揭示,成为一个具有主体多元性与统一性、类型多样性与公共性、实在性与批判性、规范性与开放性等特征的概念。这些特征彼此之间通过相互限定,实现了语境化的确定性。正是公共领域概念的这些特点,为分析不同社会、不同类型和不同发展层次的公共领域提供了可能。[①] 反思这些讨论,有一个最基本的特点,就是首先将个人预设为一个独立于和先于关系的存在,其次从个人出发进入一种关系结构中进行分析,可以说,这种路径正好体现了个人本位的方法论特色以及对个人自主地位的强调。此种论点,强调了人的选择和自主,并

---

① 笔者搜索阅读的相关论文有韩升:《哈贝马斯:公共领域的现代转型及其启示》,载《社会科学战线》2011年第5期;马宗军、商军:《哈贝马斯论公共领域的发生》,载《山东大学学报》2005年第3期;邵春霞、彭勃:《论公共领域概念的包容性》,载《南通大学学报》2006年第5期;王晓升:《"公共领域"概念辨析》,载《吉林大学社会科学学报》2011年第4期;王玲、申恒胜:《"公共领域"之系谱考察》,载《学习与探索》2007年第11期;周琳:《中国史视野中的"公共领域"》,载《史学集刊》2009年第5期;刘建华:《中国公共领域的嬗变与有限建构》,载《武汉大学学报》2010年第6期;杨仁忠:《公共领域的宪政价值及其中国意义》,载《理论探讨》2006年第2期;以及杨仁忠:《公共领域理论范式之学术论证》,载《理论探讨》2010年第6期。笔者搜索到的博士学位论文有杨礼银:《哈贝马斯的话语民主理论研究——以公共领域为视点》,北京师范大学2006年博士学位论文;张翀:《公共领域的基本理论问题研究》,吉林大学2010年博士学位论文;朱亚男:《汉娜·阿伦特的公共领域理论研究》,辽宁大学2013年博士学位论文;李浩昇:《阿伦特公共领域思想及其现代审视》,南京师范大学2012年博士学位论文;张路杨:《从认同到承认——查尔斯泰勒承认理论研究》,黑龙江大学2015年博士学位论文。总体来看,从学术论文的时间看,我国学术界对公共领域的关注集中在21世纪初的四五年时间。博士学位论文的时间相对滞后一些。

且在政治法律框架中以公民身份标志存在,各种利益群体、兴趣群体和文化群体均属于个人的选择空间,各种具体而特殊的关系是自主选择的结果。总之,个人构成了公共领域的底色。从思维模式看,个人主义遵循的是“个人—关系结构”的思考路线,在关注了理论的逻辑融惯性的时候,对于个人与知识、文化之间“被给予”而非选择的一面无法有效解释,一定程度上缺少了经验基础的支持。

在对民族文化、族群文化的分析中,还存在一种包括个人、群体(包括族群)、民族和国家乃至人类等多层次主体在内的从“关系结构—主体”的思维结构,这是一条特殊主义的思考路线。这种致思路线因为理论上的非融贯性、对文化传统未经反思的接受,以及对个人选择现象考虑不足而受到批评。比如,无法对各种价值之间的关系及其位阶找到一个融惯性的合理说明以及对人道主义的说明和可能导致社会的碎片化等后果。对比而言,两种致思路径对公共领域存在认知上的不同,从“主体—关系结构”的思维模式倾向于将公共领域视为展现主体各自文化特色并将政治法律视为追求各自存在价值的竞争性舞台,而“关系结构—主体”的思维模式倾向于将公共领域建设为实现人际对话与沟通的平台。

在笔者看来,公共领域在本质上是一种关系性、结构性存在,要在具体语境中进行分析。因为对于个人、群体、国家与人类之间关系的致思路径不同,对于人际互动的公共领域的认识自然也有区别。在实践中,各国政策与法律对于公共领域的性质与功能定位也经历了不同变化。在民族文化、族群文化及其相互关系的主题下,与公共领域有更密切关系的另一个概念是“自主领域”,而非“私人领域”(当然如上节所述,这并非忽视个人的自主性)。在族群与族群之间、族群与国家之间的关系中理解和解释公共领域是本小节的目的,展开说,本小节围绕宪法和法律法规规定的平等、团结与互助的族群关系,国家法制统一,国家尊重和保障人权等系列规定构成的文本语境以及我国族群关系的历史与现实背景中,把握公共领域的含义和特征。笔者认为,公共领域和自主领域的建设是实现国家法制统一、国家认同、民族认同的重要平台之一,也是处理好民族文化和族群文化之间,以及族群文化之间关系的关键点,从而实现个人—群体(族群)—民族和国家的良性互动。

(一)族群关系与公共领域的功能定位

因为理论基础不同,对于个人、群体(族群)和国家之间相互关系的理解也有所差异:一种是以个人为出发点,将各种社会组织视为个人自主基础上的自愿创造,具有契约或者准契约特征,认为各种群体是个人可用来提高自身竞争能力的社会资源或者组织形式,可以被称为以个人为基础的公共领域理论;另一种是关注族群起源与特征、族群关系差异性与对立性,此种研究往往将公共领域定性为族群文化展示自身存在的独特价值与地位,并进行各种诉求的竞技舞台和国家实现族群融合的机制;还有一种是从关系结构出发的族群关系理论与实践,把族群关系理解为一种互相作用、互相塑造与互相依赖的关系,将公共领域更大程度上定性为实现团结合作的场域和机制。

1. 以个人为基础的竞争性公共领域

以个人为本位的自由主义理论认为,族群符号是个人之间联合起来进行社会竞争的工具之一,是一个具有政治诉求和对国家需要的社会组织,是争取经济财富、政治权力和社会声望而产生的一种社会建构,只要存在资源竞争,就可以强化自己的起源、历史与文化的差异性,即使没有差别,也会创造出一个差别,以突出存在感。当然,作为一种基于人的某种身份特征进行社会归类的方法,族群的意义和边界是由族群内部和外部成员在互动协商过程中而被具体运用,个体是否具有某一族群成员的身份,既要有群体内部的认同,也需要本群体外部其他相关成员的认同,自我并非任意选择,族群原生性和客观性也是必须注意的。①

在强调市场作为配置资源的基本机制的环境中,必然会形成竞争。这种竞争可能发生在归属于不同群体的个人之间,也会发生在群体(包括族群)之间,还会发生在按照一个标准划分在同一个群体内部的成员之间,群体的身份或符号都有可能被用来作为争取机会与财富的工具,即便是没有差别,也要制造出差别。性别、种族、健康、年龄、历史、地域、文化、语言、经历等均有可能成为制造差别的标准,成为被利用的竞争性手段。资源竞争理论确实反映了市场化时代的竞争、个人对于自身符号的选择利用以及西方国家在处理族群关系的部分经验和教训。

① 关凯:《社会竞争与族群建构:反思西方资源竞争理论》,载《民族研究》2012 年第 5 期。

总之,资源竞争理论视野下的公共领域自然就是个人之间的言辞场所以及平等竞争规则的场域,其底色在于对于普遍身份的个人主义、公民身份的强调,其最基本的信念就是禁止政府、社会对于每个个体的族群身份进行任何法律上的或政策上的认定,防止将不同的族群看作立法上或政策制定中占有一席之地的统一实体,也禁止任何形式、任何目的的族群分类标准。[①] 现代国家法律制度体系都要在不同程度上规定公民个人的基本权利和法律权利。

不过,这种理论低估了由于各种历史和现实的原因所形成的族群间的结构差异造成的族群融合的困难,致使在资源竞争中处于不利地位的族群成员以强化族群化形式展开社会竞争。此外,这种竞争理论不能很好解释个人通过共同体(如家庭、地域、文化)与过去建立的密切联系。同样,该理论也很难解释共同体向个人提供的资源、对个人思维模式的塑造、对个人选择方式范围或明或隐的限制,以及个人对于共同体的情感和对于彼此之间的特殊义务现象。

2. 以群体为单位的竞争性公共领域

这种理论为群体权利理论者所主张。该种理论认为,在个人与族群的关系上,个人的文化认同是通过出生、养育给予他们的,而非选择的结果。个体与文化之间形成了固定的关系。公共领域就是群体认同在其他群体那里得以公开表达和合法化的竞争舞台。这种理论的不足在于:一是个人与文化之间的关系并不完全是给予的、决定性的关系,也存在反思批判与选择内容,这也是"关系结构—个人"的思考模式受到批评的一个原因;二是假设群体权利能够成立,那么其有效条件是什么应当界定清楚,实际上群体权利存在被滥用、误用的情况,以至于变成一个特权,增加了主权国家对内部多元文化的整合难度。实际上,如果这种权利被定义为少数群体能够要求给予他们的机会不应当以仅仅反映多数群体的传统或者便利的方式受到限制的话,不仅符合族群内部关系、族群之间关系的现实,也在法律体系内部能得到融贯性的解决。

3. 以群体为单位的互补协商性公共领域

互补协商性公共领域得到了我国与实践及相关理论的支持。对于一个拥有悠久历史的多民族国家来说,中国族群关系的产生、演变和具体内容有着自己独特的叙述。这可以从国家的角度也可以从社会的角度观察,还可以从古今

---

① 马戎:《民族平等与群体优惠政策》,载《中南民族大学学报(人文社会科学版)》2015 年第 6 期。

对照的角度观察。在古代,因为交通不便、信息不畅等原因,族群关系是在一定地域范围内展开的。生活在不同生态位下的族群为了适应不同的地理生态环境,渐渐形成了不同的文化特质和生活方式,这是持续适应自然与社会环境的结果。同时,处于不同生态位的拥有不同生产生活方式的族群之间因为交换需求,农耕群体、游牧群体和渔猎群体在生计方式上形成了共生互补关系。正是族群文化要素的分化差异使交换互补成为必要,但也限制了互动的内容——族群文化的独特性允许族际互动仅涉及一部分内容——这取决于商品与服务是否具有互补性。在互动的情境中就形成了公共领域,公共领域中所遵循的行为规范与价值观有一致性客观要求,但在其他没有发生族群互动的领域,保留了广泛的族群差异,是一个族群的自主领域。[①] 可以说,中国/中华文明是国内各族群共同创立的,形成了一体多元的国家文化格局。

1949 年以来,现代中国建构民族—国家的历史使命得以完成,并完成了族群识别,政府主导了族群符号的制度化分配,并建立了一整套关于国内族群关系的制度安排。这套制度安排被概括为族群之间平等、团结与互助,规定了民族区域自治制度,并采取了一系列族群优惠政策措施。然而,在改革开放以来的 40 多年中,国内族群关系的制度安排目标得以实施的社会与文化环境已经与 20 世纪 50 ~ 70 年代迥然不同。因为交通、通信以及经济活动的市场化、大规模的人口流动,现实的经济社会活动引发的族群关系在全国范围内展开,族群关系包含了竞争性内容。显著的贫富分化、经济发展水平的区域性差异、市场化的职业分工、居住格局的分割、交往范围的隔阂在一定程度上影响了国内族群共同发展与进步,以及对于价值共识的认知。另外,针对少数族群的优惠政策措施在取得了一定范围内的积极效果的同时,出现了一些负面效果,优惠政策措施权利化现象说明我们没有对政策措施进行恰当定性、宣传和及时更新。换言之,互补协商性公共领域的建设任务与措施需要考虑新的语境条件,其不能被理解为一个封存固定的东西。随着新的具体问题的产生,族群团结与互助的具体内容需要被重新讨论确定,中华民族文化也增加了时代内容。

---

① 当然在族群内部,在活动的各领域彼此之间建立联系,如亲属、婚姻、信仰、习俗、语言,形成族群内部的公共领域、公共秩序和行为规范、价值评价标准。参见[挪威]弗雷德里克·巴斯:《族群与边界》,马丽琴译,商务印书馆 2014 年版。

(二)公共领域的制度基础:平等

1. 个人平等与族群平等

一些学者认为,近代以来的一般平等思想自然而然地包含了族群平等,认为《宪法》以及宪法性法律中有关"年满十八周岁的公民,不分民族……都有选举权和被选举权"(第34条)的规定就包含了族群平等。① 这种看法不是很准确。

《宪法》"序言""总纲"第4条关于禁止族群歧视和压迫、族群平等的规定属于基本制度;而《宪法》第33条、第34条属于"公民权利和义务"一章。第33条规定了公民平等,第34条则指出不以族群身份作为标准限制政治权利。显然这一制度安排,不仅关注具有族群身份的公民,还关注作为共同体的族群以及族群之间的关系问题。《宪法》第34条规定的个人平等主要考虑的是公民主体资格和机会的平等——不能以性别、出身、相貌、种族、族群等标准不恰当地进行分类,对公民个人进行非公平的对待。而《宪法》第33条中的平等不限于机会平等,否则就无法理解《宪法》第42~46条之规定。

2. 族群平等的含义

(1)观念上的平等。观念上的平等,指在一个民族国家中各族群及其文化与其他族群及其文化具有同等重要的价值和地位,为人们展示了一种可供选择的有意义的生活方式。族群平等是向不同的文化群体的成员保证了其文化和生活方式被视为具有同等重要的价值,而不是支持了一些文化价值,贬低了另一些文化价值甚至是将另一些文化作为发展的代价。② 地方性法规、自治法规不应当仅仅成为一个收纳本地方、本族群诉求的容器,而应当首先是一个更广泛语境下平等参与和讨论公共事务与公共秩序的结果。族群文化意味着文化差异以及其对国家的需要,内在地要求国家平等对待各族群文化。

(2)机会平等。机会平等意义上的族群平等,在《宪法》《民族区域自治法》中并没有明确的文字性规定,但在《拉萨市民族团结进步条例》等自治法规中有将族群机会平等作为一项群体权利的规定。比如,在该法规中,族群的机会平等被表述为:"各民族享有平等经济生活的权利,平等参与市场竞争和平

---

① 参见王钊冀:《民族平等论》,中共中央党校2006年博士学位论文,第13页;李占荣、唐勇:《民族平等的宪法表述》,载《浙江社会科学》2015年第5期。

② [英]戴维·米勒:《论民族性》,刘辉曙译,译林出版社2010年版,第151页。

等享受经济社会发展成果的权利。”（第 11 条）、“各民族平等享有政府提供的公共服务和社会保障、接受国民教育的权利。”（第 13 条）、“任何组织、个人不得为经济市场、文化市场设置民族歧视性界限，不得因民族身份损害某一民族的人员平等进入经济和文化市场的权利。”（第 19 条）、“任何组织和个人不得因民族身份妨碍、限制某一民族平等享有政府提供的公共服务和社会保障，不得因民族身份损害某一民族平等接受国民教育的权利。”（第 22 条）、“本市的宾馆、饭店、车站及其他公共活动场所，不得因民族身份拒绝提供服务。”（第 23 条）①

这类规定在精神上与《宪法》“序言”“总纲”规定的族群平等和禁止歧视一致，目的是防止族群身份成为被拒绝进入经济领域、文化领域、社会保障和社会服务领域的理由，权利主体是个体成员，义务主体则是政府、社会组织和提供社会服务的个人，这也是对《宪法》第 34 条所规定的禁止以族群符号为标准的非法归类的具体化。这些规定虽然使用了“各民族平等享有……”的语句表达方式，但这里的“各民族”都是在各族群所属成员个体意义上的另一种表达。不过，我们还要补充说，这种表述方式强化了个体的族群归属，是一种语境化的思考问题的方式。它不同于个体脱离、优先于他们和其他人的关系的一种思维方式，即“公民不分民族、种族、宗教信仰都享有 × × 权利”的语言表达方式。二者具有很重要的区别。

（3）实质平等。实质意义上的族群平等考虑的是族群之间因为历史与现实原因形成的整体性结构差异。公民个人作为某一个族群成员其身上所伴随的结构性差异，可能代表和展现各自群体的发展水平、竞争能力以及所属群体的历史烙印。但这是可能性而不是必然性，因为这同样忽视了某一特定族群内部个体差异的存在。对于某一族群的优惠待遇与对于社会中弱势个体的优惠待遇不能等同。对于某个族群的优惠待遇主要通过职业结构、指标分配、财政转移支付、对口援建等积极手段实现。其中的内容，一部分可依托族群背景并以族群成员个人的名义落实，另一部分涉及族群地区的基础设施、公共事业建

① 参见《拉萨市民族团结进步条例》（2012 年），另参见青海省《海南藏族自治州民族团结进步条例》（2016 年）、《海西蒙古族藏族自治州促进民族团结进步事业条例》、《黄南藏族自治州民族团结进步条例》（2016 年）、《果洛藏族自治州民族团结进步条例》（2014 年）、《海北藏族自治州民族团结进步条例》（2014 年）。

设、财政援助等则无法以族群成员个人的名义落实。

与此相联系但有区别的是,公民个人实质平等的实现尽管也要通过积极帮助的方式实现实质平等,比如,在以解决贫困、住房、教育和社会福利等有关问题为目标的立法中,少数族群中的许多成员,会因为其个人具备了合适的资格而受益,但这不是因为他们的族群背景的作用并以群体名义而受益。根据公民个体的客观状况而不是族群进行照顾和优惠,会使一些处于弱势的族群成员受益,并不必然缩小族群差距。

在族群实质平等的意义上,族群团结和族群互助必须纳入考虑。那些以族群整体为对象、以族群实质平等为目标的各种措施,显然是在与其他族群的团结互助关系中得以落实。其出发点与目的,就是通过相关政策措施,帮助弱势族群提高自身竞争能力,最终实现全体社会成员能够在完全平等的条件下,进行公平竞争与发展。在此意义上,对族群的优惠政策措施只能是在一个过渡时期内实施的暂时性政策,否则会引起不享受优惠政策措施的族群反抗,比如,美国的"肯定性行动"和中国在教育领域的"优惠政策"出现的一些负面效果。①

如果说关注个人在社会经济文化等领域实质上不平等的措施,会增加阶层分化、影响社会共识形成的话,通过对族群群体的整体性优惠以实现族群实质上平等的措施,其负面效果则是族群优惠措施变成了族群特权,加大了族群隔阂。这显然与族群团结与互助的族群关系初衷相违背,也会极大影响到作为族群间互动沟通的公共领域的建设。

(三)公共领域与公共文化

已如前述,我国各族群及其文化之间有共生互补关系,也有竞争关系,由此可推断出公共领域的存在。然而,公共领域并不仅仅是一个政治法律沟通机制,也不是仅靠法律机制就能维护的公共领域。共享的公共文化是族群文化之间有效沟通、合作、竞争的必要条件。在建构民族国家的过程中,国家通常承认族群之间的客观区别,赋予这种差别以象征意义,并通过各种措施强化属于各族群社会成员共有的文化属性与文化符号,从而形成某种形式的"多元一体"。这个"一体"是一种实体性存在,即作为一个包含众多族群的政治法律共同体的现代主权国家和超越各个族群文化单位的、前政治的民族文化共同体。这个"一

① 马戎:《民族平等与群体优惠政策》,载《中南民族大学学报(人文社会科学版)》2015年第6期。

体”也是作为多元族群文化沟通机制和对话平台存在。如果没有一个共享的公共文化平台，那么，各种群体及其文化就只能是沿着碎片化方向发展，无法在一个共享的文化资源基础上展开对话，无法以公民身份有效参与讨论公共事务。

从政治哲学、文化哲学的诸多著述可以看出，在现代社会，对于公共领域给出一个清晰的结构化要素化的东西，本身就与主体多元性、文化多样性、价值多元性以及主体性的时代精神不符，与公共领域的初衷相违背，但可以对公共领域给出分析框架和伦理底线，以构筑公共领域有效运行所需要的法律制度和公共文化。依此理解，公共文化应该具备如下特征：(1)公共文化的共享性。公共领域的边界是由法律制度、公共文化和具体语境共同界定的。进入公共领域的个体、群体与组织一致认同某些原则和文化价值，[①]如主体平等、平等参与、程序公开、底线伦理等。(2)公共文化的差别性。作为一种共享的公共文化并不是确定不移的，而是在族群文化和其他文化的影响下，其具体内容、性质等随着具体场景而获得确定性。个人、族群总是生活在某个地域空间。该地域空间的自然特征如气候、资源禀赋和自然景观上的差异，以及该地域的历史过程、发展状况、人口结构等直接影响和制约着彼此之间的生产、居住和交往内容，构成了文化上的实质性内容。反过来说，文化本身也赋予该地域空间以精神内涵，形成了反映该地域空间的独特的公共文化。(3)公共文化的层次性。对自主领域的宽容尊重和对公共领域的维护是民族认同与族群认同协调共存的必要条件。面对不同族群、不同地域空间和不同领域的差异性公共文化，既要从保持文化内部的活力出发，尊重和发展这种包涵了公共性的差异性，又要防止因为差异性过大引发文化冲突，从而在国家/民族文化层次上实现公共文化对社会的整合。(4)国家/民族文化层面上共享的公共文化应该是体现各族群共同认同的中华民族文化的组成部分，其本身是各族群共同创造的集合，具有客观性[②]、共享性、历史延续性、包容性。但定义民族文化、确定民族认同所要求的公共文化不是包罗万象的，仅是民族文化的一部分。共享的公共文化要为不同族群文化、

---

① 为了养成公共文化，可以建立有助于公共文化形成的服务体系，比如，上海市在2007年推出的公共文化服务体系不仅包括图书馆、博物馆、广播电视等由国家兴办的文化基础设施，还包括公共文化的管理运行体制机制、公共文化的财政保障、公共文化产品服务的生产供给、群众性文化活动、对外文化交流和对外文化宣传、文化遗产保护等内容，甚至将哲学社会科学事业也包括在其中。

② 在安德森论述中，其认为民族性是通过媒介表达的集体想象，民族是“想象的共同体”。

不同私人文化留下自主空间。

（四）公共领域的法治建构①

因为我国族群“大分散、小聚居”的分布格局，加上族群之间的公共领域、族群的自主领域与公民的私人领域之间本身是一种关系性存在，故在立法上给予整体性的考虑。

1. 公共领域的原则

根据《宪法》②、《民族区域自治法》、地方立法的一些规定（这显然与我国“大杂居、小聚居”族群分布格局有关），应该遵守的原则有：

第一，在国家/民族文化层面上维护族群文化之间良性沟通的公共文化是体现各族群共同认同的中华民族文化的组成部分。中国各族群都应当尊重、热爱、弘扬中华民族文化，自觉践行核心价值体系，建设中华民族共有精神家园，维护国家文化安全。

第二，组成中华民族文化的各族群文化之间是平等、团结与互助的关系，并以建设富强、民主、文明的现代化国家为追求目标。如同前述，以个人为组织单位的多元主义与以群体为单位的多元主义之间具有互补性，基于个人的社会帮扶体系与以群体为单位的优惠倾斜体系之间也具有互补性。

第三，尊重他者。我国《宪法》《民族区域自治法》和相关地方性法规、自治法规规定了各族群应当相互尊重语言文字、传统节日、风俗习惯、生活习惯和宗教信仰。事实上，尊重他者的义务主体当然包括了个体和群体，因为个体往往被认为打上了其所归属的文化烙印，代表了其所属的群体。虽然，有可能在群体内部并不一定认同某个人能代表自己所在的群体及其文化，所谓“形象代言

① 本部分主要依据民族自治地方的立法进行整理。主要有：第一类：《拉萨市民族团结进步条例》（2012 年），另参见青海省《海南藏族自治州民族团结进步条例》（2016 年）、《海西蒙古族藏族自治州促进民族团结进步事业条例》、《黄南藏族自治州民族团结进步条例》（2016 年）、《果洛藏族自治州民族团结进步条例》（2014 年）、《海北藏族自治州民族团结进步条例》（2014 年）；第二类：《西藏自治区流动人口服务管理条例（草案）》（2016 年）、《宁夏回族自治区食品生产加工小作坊和食品摊贩条例》（2010 年）、《宁夏回族自治区清真食品管理条例》（2011 年修订）、《青海省食品生产加工小作坊和食品摊贩管理条例》（2016 年）；第三类：《中华人民共和国通用语言文字法》（2001 年）、青海省《海南藏族自治州藏语言文字工作条例》（2007 年修订）、《海西蒙古族藏族自治州蒙古族藏族语文工作条例》（1991 年）、《海北藏族自治州藏语文工作条例》（2004 年修订）、《海南藏族自治州藏语文工作条例》（1990 年）、《玉树藏族自治州藏语文工作条例》（1995 年）、《果洛藏族自治州藏语文工作条例》（1993 年）等。

② 明确的文字表述主要见于《宪法》“序言”、第 4 条、第 52 条、第 53 条、第 54 条、第 55 条。

人”是代表者和被代表者协商的结果。

第四，中华民族文化具有人道主义精神，尊重和保障人权。这一点是为了回应对文化特殊主义的非理性和非融贯性的指责，从而使其获得普遍主义的一些品质。人权是无法从整体上证伪或证成的，人权是一个实践理性问题，而不是一个理论论证问题。无论是价值中立的程序民主主义还是基于久远的习俗主义或者是基于功利的一次性“铤而走险”都不能成为对人权进行侵犯的理由。人权与人的文化多样性相协调，也为多样性设立了道德地基。抛弃这一点，就放弃了人之为人的底线原则。①

第五，普遍主义与特殊承诺的有机结合。普遍主义框架中的个体及其“权利”是与具体情境独立的东西。无论是功利主义的自我决定、自主选择意义上的不受外在约束，还是自然权利论“人是目的”和与他人相容的“自由”，关注的是外在约束的防范与兼容，个人被置于法律概念体系的真空中。只有个人自由选择的东西才是可以接受的，个人可以选择进入或者创造某个关系。问题是，如果说约定义务、公法上的义务能运用契约论加以说明的话，对自然关系而言，比如，父母对于未成年子女的抚养义务、子女对于年老父母的赡养义务、亲亲相匿义务，以及对于贫困弱势群体的扶助义务，其依据何在？再者，无论是出自逻辑上还是出自经验，权利的实现需要外在要素的积极配合，某些人或政府需要履行与那些主张相关的义务，故权利的行使和实现，还需人们相互之间承担责任。在此意义上，“自我”不能独立于具体情境，是社会性的构成，成为一个社会上负责任的行动者是成为自由、自主的行动者的先决条件。② 义务不仅是不侵犯他人的同类自由，而且是要积极承担一些义务。自我选择包含对群体关系或者制度的承诺。一个脱离他者、不以他者为存在条件的权利主体却同时要让他人成为义务主体，在逻辑上是一件很可疑的理论叙述，这种理论的完善应该汲取中华文化关于人的社会性的认识。

2. 公共领域的主体

公共领域的建设维护的责任主体和义务主体包括国家机关、社会团体、企业事业单位、城乡基层组织及其他组织和公民。这些主体都对族群团结进步负

① 吴冠军：《多元的现代性》，上海三联书店2010年版，第75～80页。

② 徐向东：《自由主义、社会契约与政治辩护》，北京大学出版社2005年版，第366～367页。

有作为积极义务和消极义务,相关条例采用了“开展民族团结进步事业是本行政区域所有国家机关、社会团体、企业事业单位、城乡基层组织及其他组织和公民的权利和义务”①的语言表达式。

消极义务的主体范围及其表述方式:(1)“任何组织和个人不得从事……的活动”“任何人不得制造……的言论”,或者“禁止在……出现(使用)……的言论(内容、节目、标志)”。这种表述语句中义务主体具有普遍性,受益主体具有非确定性,但是如果出现了这种行为,其社会影响面较大,族群之间对话沟通的公共领域的良性运行可能会受影响;(2)“任何人不得以……的方式损害……平等从事……的权利”。这种表述方式义务主体范围是不确定的,是一种概括方式,但权利主体具有确定性,是个人的平等权利因为族群身份等受到了限制。

积极义务的主体范围及表述方式:(1)族群作为义务主体,比如,“各民族都有……的义务”“各民族应当尊重/维护……”这两种表述方式用概括方式表明了各族群作为义务主体,与上文表达消极义务时所用词汇“任何组织和个人”“任何人”还是有所区别,需要细细品味其间的差别。(2)“各级国家机关、社会团体、企业事业单位、城乡基层组织及其他组织,应当做好本单位、本区域内的民族团结进步工作,坚持加强民族团结教育,及时排查化解民族矛盾,努力促进民族关系和谐”。这种表达式似乎更为常见,义务主体明确,更容易落实。族群作为义务主体更多侧重于对行为的价值指引,而非强调积极作出某种具体行为本身。

权利主体则运用了“各民族都有平等……的权利”的表述方式,或者“各民族都有……的自由”的方式。显然作为集体权利的族群权利大体上属于受到平等对待的权利。

在公共领域的建设中,拥有权力的政府及其职能部门应当“平等对待……”、“履行……的职责”、“提供如下服务”、“对……提供保障”和“……加强监督”。

3. 不利于公共领域建设的行为类型

参与公共讨论的主体的情感、尊严和平等的法律身份与社会地位,以及公正的对话沟通程序,是公共领域中的核心内容;可能会因为组织与个人的言语

① 《拉萨市民族团结进步条例》第4条。

行为、身体行为以及某个不恰当的分类标准受到影响，具体如下：

（1）具有破坏性、侵犯性的言语行为。比如，在图书、报刊、音像制品、影视作品、网络等文化载体中出现了损害族群尊严、伤害族群感情的言论和用词，在地域名称、企业名称、品牌商标、宣传信息等活动中出现了损害族群尊严、伤害感情的内容，在文化娱乐场所如影院、酒吧及其他公共场所演奏、播放、朗诵、演唱、表演含有伤害族群感情、破坏族群团结、侵害族群风俗习惯、煽动族群歧视、族群仇恨内容的节目。

（2）具有破坏性、侵犯性的身体行为。比如，群体和个人所从事的破坏侵犯具有标示族群身份和边界的象征符号、仪式、实体的身体动作。

（3）设置分类标准的歧视性行为。该行为可分为两种情形：一是在市场准入、公共服务和社会保障等方面设置了不公平的标准，比如，在经济、文化市场设置了以族群身份为标准，限制或者剥夺某一族群成员平等进入经济和文化市场的权利；宾馆、饭店、车站等社会服务行业及相关公共活动场所，以族群身份为标准拒绝提供服务；或者因族群身份作为标准和理由妨碍、限制或者剥夺某一族群平等享有政府提供的公共服务、社会保障和平等接受国民教育的权利。二是在纠纷矛盾和冲突的解决过程中，程序运行或者运用的标准隐含了某种非平等对待的意图或者效果。比如，在具有法律效力的规范性文件如判决书中用词不当、引用判决理由不当，隐含一种不恰当的分类标准。理由是：国家、国家权力有一套仪式性的象征符号体系。建构、维持或强化以国家/民族文化为中心的符号象征体系，能够促进一种超越族群身份的、基于公民身份的国家认同的形成。在国家权力与族群的这种符号化的互动当中，族群符号的强化程度，实际上反映了国家对族群、族群化的各种福利与权利诉求的扩张程度的承认程度。对此，笔者将在下一章进一步拓展详述。

（五）自主领域

公共领域和族群自主领域处于动态联系中，各族群都有学习、使用和发展本族群语言文字的自由，都有保持或者改革本族群风俗习惯的自由，有学习其族群语言文字的自由，也有参加本民族传统节日活动和参与各族群传统节日活动的自由。

第四章　纠纷解决中的公共性问题

20世纪40年代，著名社会学家费孝通先生曾提出一个经典的概念——“熟人社会”，这一状况已有很大改变，今日的中国社会已非费孝通先生当年提出的“乡土中国”，也非“熟人社会”所能概括。作为一个多民族（族群）国家，人口、物资、信息的快速流动为不同地域、不同族群带来了不同的文化信息，应当说，多元文化之间的互动交流为公共性的建设提供了契机，即便是民族自治地方也是如此。另外，不同文化之间的互动与对话带来的并非只有和平与安宁，世界范围内存在的分裂主义威胁多族群民族国家，对公共性的建设提出了迫切要求。没有实质内容的公共性建设，对于民族国家的统一与团结是非常不利的。就公共性而言，要对其笼统定义，难免挂一漏万，但可以对其内容做一个简要描述：在民族国家层面上，公共性包括了共同文化、共同价值、行为规范、公共领域，以及对公共利益、公共秩序的理解和维护。民族国家的法律本身就代表了公共性，反映了对公共性的态度。公共性具有层次性，包括国家层面和地方层面。地方层面的公共性反映了各地方的特殊环境、特殊需求；公共性也需要在动态的纠纷解决过程中把握，因为纠纷解决过程中公共性的维护与公共教育直接相关，虽然具有个体化的特点，但因为其直观性、经验性的特点，纠纷解决中关于/对于公共性的对话交流具有更持久的作用。

本章用四部分的内容来分析纠纷解决过程中的公共性

问题,第一部分是分析在多元文化背景下人们对于纠纷解决的权威组织的选择问题,第二部分是分析纠纷解决过程中的规则认同与公共性问题,第三部分是分析司法判决书中的语言运用与公共性问题,第四部分是分析判决书中的说理依据与公共性。当然纠纷解决过程中公共性的建设不只这些内容。其中,第一部分、第二部分的内容的素材源于我们对在广州经营拉面馆的青海化隆籍穆斯林群体的调研。第三部分、第四部分的素材源于裁判文书以及一些曾被各种媒体予以报道的案件。

一、纠纷解决中的公共权威问题

在民族文化与多元族群文化、统一法制与规范多元的背景下,探讨纠纷解决中的公共权威问题,包含如下几个方面需要加以考虑的内容:第一,在纠纷解决过程中,不同族群文化背景人们对于权威组织的选择倾向性、权威组织的排序,表现了他们对权威组织信任程度的差异。这种信任可能与权威组织解决纠纷的公正性、有效性、纠纷的类型、当事人对纠纷解决方式的熟悉程度、需要支出的成本高低等密切相关。而且至少可以说明,如果人们选择了某一种类型的权威力量说明该种权威在秩序维持中发挥着重要作用。第二,是什么原因影响了人们愿意选择非正式组织,比如,纠纷的类型、纠纷解决的便利程度以及正式制度的供给状况。在正式制度供给不足的情形下,比如,在少数民族所生活的社区,面对细碎多样的乡村法律事务,正式制度运行所要求的人员配置、专业素养、财力支持等方面的不足抑制了人们对于正式制度的需求,使正式制度不得不选择依靠非正式力量解决民间纠纷,如果在正式制度供给比较"充足"的情况下,人们还更倾向于选择非正式权威,其中的原因值得好好反思。第三,虽然非正式权威的存在,一定的程度上、一定的范围内是在正式制度的支持下生成和发展的,但还是可以说,如果人们对于正式权威不是出于成本等方面的考虑而有意不选择的话,那么正式权威所代表和所应承担的公共性建设职责呈现了不能令人满意的状态。

当然,这些只是一种粗略的理论上的分析,最终的判断要依赖于实证调研资料。以我们的调研范围为限,西北少数民族社会的成员根据其生活地点的不同,纠纷大致可以分为两类:一类是若纠纷发生在其所熟知的家乡,当地的民间权威(非正式组织)或单独解决纠纷,或在正式权威(正式组织)主导下展开合作、互动与协调；另一类是发生在异地，以人口流动和不同文化之间的对话为具体背景，比如，化隆籍拉面馆从业群体在广州市发生的各种纠纷，此种情况下，要根据纠纷的性质、当事人双方的情况，劳务输出地的正式组织、劳务输入地的正式组织以及当事人所认同的民间权威之间会产生各种互动关系。可以说，纠纷解决中的多方参与、协调合作是一个非常突出的特征。这个特征的出现并不仅仅是因为对于和谐社会的强调，这也反映了统一多民族国家法治建设过程中面临的特殊问题：一是统一法制建设过程中的公共权威问题，二是多元文化之间的互动问题。这也是西北少数民族社会在社会变迁过程中碰到的问题。笔者将在下文予以说明。

（一）非正式权威的类型

非正式权威的类型比较多，但在多元族群文化意义上，本节主要关注两种类型的非正式权威。分别是：

1. 长者

一些社会学学者如贺雪峰等人对华南、江浙与中原等地方农村的调研结果表明，中国农村正在经历一个从熟人社会向半熟人社会发展的过程，而且各地农村呈现了不同的发展类型。① 但笔者认为，西北农牧社会仍然是“熟人社会”。这与西北农村的结构和生态环境有关。在西北农牧区，血缘关系和邻里关系仍然是农牧民们生产生活中最重要的关系。地缘关系、亲缘关系等对熟人社会的影响在回族等以伊斯兰教为信仰的少数民族地区最为典型。宗教信仰在回族聚居地区尤其是西北地区的回族社会中有着特殊的影响力，并通过婚姻、饮食等达到了内聚的作用。在纠纷解决中，这些地区充分利用“情”“理”“法”进行调解。只不过“情”是基于血缘、地缘条件下共同生活中形成的亲情、友情、邻里之情等人们平日里认可并重视的“情”；“理”是基于共同信仰形成并认可的“理”，也就是教义；“法”不仅仅是国家立法机关制定并通过各种措施使人们知晓的一些法律，还包括这一地区的人们自小耳濡目染的“教规”。不过，“教规”更多地在婚姻家庭、邻里关系等领域发生作用。哪怕是不同的教派之

① 贺雪峰认为，中国农村村庄社会结构具有明显的区域差异，从村庄社会结构的视角看，中国农村可以分为南方、中部和北方三大区域，其中南方地区多团结型村庄，北方地区多分裂型村庄，中部地区多分散的原子化村庄。区域村庄结构的差异与不同区域生态环境和村庄历史有关。参见贺雪峰：《论中国农村的区域差异——村庄社会结构的视角》，载《开放时代》2012 年第 10 期。

间通婚的情况相当普遍，每当生活中的纠纷出现之后，仍然首先是在血缘、教门、信仰团体内部调解解决。

在选择调解主持人的时候，一般会考虑文化程度、表达能力、双方当事人的熟悉程度、对当地风俗习惯的了解程度、是否在当地具有一定程度的威信等因素。一般来说以上几样能力全部具备的人是非常少的，当所有条件不能具备的时候，具有较好表达能力以及在当地有较高威信的人会成为双方认可的调解人。而且这类人参与解决的纠纷比较多，经验比较丰富，他们主持下的调解双方当事人都比较满意（当事人称为"服气"），几乎没有反复纠缠或者再次起诉等"后遗症"。课题组在甘肃临潭调研中拜访了叫作张伊斯玛的老人（65岁），由于"能说会道、明白事理、做事公正、威信高"的原因，在老人居住的村庄一旦发生纠纷，双方会不约而同地找老人做调解人。老人较为详细地为我们讲述了他的调解经验。从老人的介绍中我们可以体会出情、理、法的特殊内涵。

> 给人处理事情，麻烦着哩。要把人家都说通，我要先给他们说道理。我先按教门给说，分清"合俩里"与"合拉姆"（分清楚合法和非法）。比方说一个人占了另外一个人的便宜，我给说，便宜不能你一个人捞，按照教法都不成。你还能在这个世上活几天呢，你今儿占的便宜后世要还哩，几十倍的还哩。就像打官司，把本来该输的官司打赢了，你也不强（厉害），村子里人咋看你吗？你要想好了，非法的合法不了。你无常（去世）后，人家要跟你要伊玛尼呢。① 一般我这么说了，做错事的人就会想上几天，大多数会想通的，知道自己错了。
>
> 错了的一方想道理的几天里，我会找对方说说，看人家真正的想法是啥。等双方坐在一起说事情的时候我就好说话。做错了的人在想的时候大多数会和亲戚商量。这时候我故意不找两方面的人，他们来找我，我也会找借口不见，先把事情"压"上几天。两个人自己想想，亲戚们也会劝一劝。我再出面叫（约）双方见面说事就容易多了。有时候一次、最多两次就能说和。他们还会提点茶叶感谢我。

---

① 伊斯兰学术中的"信仰"。其是伊斯兰教分穆斯林与非穆斯林的标准。有"伊玛尼"的为虔信者，没有的为异教徒，"伊玛尼"是伟大而纯洁的象征。

婚姻家庭纠纷更是这样的。我要想办法让两口子把各自心里的话说出来。家里的事比家外的事难说,麻烦得很。我一般都是要分头找双方好几次,问出他们的真实意思。我摸透他们的意思后,就放下不管了,还是把事情“压”几天。这时候就会有男方或者女方着急来找我。我就先给来找我的人做工作,家里的事我都是往好的方向说。实在说不好我就问是按教法离婚还是按照国家的法律离婚。他们选了,哪怕是离婚了最后也没啥子事情。我给你说个真事。

马优某某(男)在2012年和马某某(女)结婚了,结婚后两口子老是拉不扎(关系不好),2014年过年前马优某某来我家找我,说女方回娘家了,已经有大半年了不回家,让我帮忙。小伙子给我说女方跑回娘家的原因是:有一次马某某打他们的儿子(1岁半),奶奶心疼孙子,一边护着孙子不让儿媳妇打,一边骂儿媳妇。马某某一气之下跑回娘家去了,怎么都叫不回来。媳妇说,我的娃娃打不打由我。婆婆说媳妇人品差。媳妇要离婚。

清官难断家务事,好在我对他们家的人都知道(了解)。听完男方说的事情原因之后,我先给男方说了邻里八乡都认可的女方的种种好处:人利索、做事情亮豁(干练)。男方也认可媳妇儿的好处。我一看男方态度还好,又快过年了,我就和男方一起来到了女方娘家。一般我去他们都知道我来干啥。我就直接说,男方想叫媳妇回家过年,你们咋想的?我话刚说完,女方和她们家里人就开始说男方的不是,我就让男方好好听着。这时候我一般不说话,就是听,让觉得自己委屈的一方发泄出自己的不满。等女方说完我就当着女方的面先骂男方,让女方消气。等她们情绪平静一点,就开始说男方的不容易,我说:他人不成又孽障(可怜),你走了之后忙里忙外的拉扯家里的事情,他人老实,不乱整一些花花绿绿的事情。再说了,几个月了你不想娃娃吗?你真的离婚了,娃娃就成了没大(爸爸)的娃了,娃不孽障吗?再说了哪里有拍响的一个巴掌?事情到今儿这个地步你也有问题哩。我说完之后女方不吭声了,虽然说要离婚但声音已经没有开始那么大,也开始问娃娃情况。我就让她们考虑一下。

第二天,我又主动到男方家去,主要数落马优某某的不好。马优某某的妈妈气大得很。口口声声说："不行了就离，马某某就不是当媳妇的样子，我还没见过这样子的媳妇。"这位婆婆开始给我数落儿媳妇的不好。她数落的时候我一直没有说话，只是听她说。等她说完了我就劝她：儿子和儿媳妇真的把婚离了，你儿子还找不找老婆了？儿子这么年轻，肯定要找的，还能找一个比马某某好的媳妇吗？现在的儿媳妇有千般不好，但是人家干活没嘛哒(问题)，过日子在行。不管怎么说都是你孙子的亲妈。再找一个对你孙子更不好了怎么办？万一后妈折磨娃娃，娃娃大了知道是你让他爸爸妈妈离婚的，孙子怪你哩。看到这个婆婆不说话了，我又给她举了几个周围由于婆婆的关系导致离婚的例子。婆婆彻底不说话了，我赶紧当着婆婆的面问男方啥意见，男方说他也不想离婚，离婚了再娶老婆吃力(困难)得很。

后来我又去了女方家两次，终于在过年前让小两口重归于好了。我也高兴得很，又做了一件好事情。

2. 宗教人物

马克斯·韦伯把"统治"权威系统分为法律—理性权威、卡里斯马权威、传统权威。韦伯的这种权威系统分类被学界普遍接受。[①] 在韦伯的观点中卡斯马权威是指个人魅力，亦是超自然的或者是非凡的、其他人不具备的力量或者素质。正因为这样，拥有此种权威的这些人也被视为领袖，这种建立在个人魅力之上的统治被称为卡里斯马统治。[②]

最初，藏传佛教引入藏区，就是一种个人权威，后来逐步演变成一种传统型的权威。传统权威统治的合法性是建立在"遗传制度和权力神圣"基础上的。人们之所以服从，是因为传统赋予的尊严。[③] 在藏区，村落出现的情形各不相同，有的地方是有了村落之后众人开始建寺院，有的是先有寺院然后围绕寺院形成村落。寺院无论是在政治生活、经济生活还是日常生活中，都与藏族百姓密切相关。村民也在精神层面和心理需求等方面信仰藏传佛教，藏传佛教就以

---

① [德]马克斯·韦伯：《经济与社会》(上册)，林荣远译，商务印书馆1997年版，第241页。
② [德]马克斯·韦伯：《经济与社会》(上册)，林荣远译，商务印书馆1997年版，第269页。
③ [德]马克斯·韦伯：《经济与社会》(上册)，林荣远译，商务印书馆1997年版，第251页。

文化的方式深深镶嵌于世俗生活中。在信仰伊斯兰教的回族和维吾尔族中,人们认可清真寺的权威,一旦发生纠纷,清真寺是人们判断是非曲直的场所,教义、教规的影响不仅普遍而且巨大。解决纠纷的过程中,人们下意识的接受利用教义进行评判,对于日常生活中的一般纠纷,人们首先选择的是请阿訇进行调解而不是直接寻求司法机关的帮助。即使在吵架过程中,也会出现说出教义中的语言,提醒对方注意遵守教义教规的情况。①

在穆斯林的眼中,阿訇是最有威望的人,受到群众的极度尊重,在清真寺执掌教务的更是这样。阿訇包括本坊阿訇和外地聘请阿訇,一旦发生纠纷,人们在选择主持调解人的时候,基本选择本坊阿訇,因为本坊阿訇熟悉本地的风俗习惯。阿訇在调解当地民众一般性的纠纷中发挥着重要的作用,为了了解阿訇解决纠纷的常用方法,我们采访了甘肃临潭县清真大寺具有很高声誉的敏阿訇②。请他给我们介绍自己调解纠纷的方法和典型事例:

> 我一般处理的家里事情比较多(婚姻家庭纠纷),80 年代坊上人一有矛盾就要来找我,不仅有夫妻闹不畅快的,还有儿子和父亲打架的。一出事他们就到寺管会找我。当时这样的事情多得很,当时人穷得很嘛。到 90 年代也多,后来慢慢就少了,尤其是 2000 年以后就更少了,国家经济好了,人都忙着过光阴(日子),没时间搞矛盾。再加上国家法律宣传得也多,有一些人有矛盾也愿意找法院了,尤其是年轻人。
>
> 我调解事情(矛盾)都是往两方面都好的方向说。不仅我是这样,阿訇都是这样的。我用的都是老方法,我们调解和公家(当地民众把法院、公安等机关统称为"公家")不一样,我们不写、不记,就是讲人情,要把有问题的一方压(敏阿訇虽然用了当地方言"压"来表述,其实真正的含义应该是"安抚")住。比如,离婚案件中,如果是男方提出离婚的,就先压住男方,压的时候用各种方法,这是以后调解成

① 在调研中恰巧遇到两个回族出租车司机因为车辆剐蹭发生争吵,争吵过程中互相批评对方,指责对方"你把阿訇教给你做人的话忘完了吗?"等。

② 敏阿訇,近 50 岁,在甘肃省临潭县清真大寺做阿訇,执掌教务 19 年。

功的关键,压住男方的同时把女方安慰住。再了解原因,看问题出在哪里了,错的在哪一方。我们都是这个国家的人,国家法律不能不理会。但是,我们不管是谁对谁错,都要往好的说,不能说"坏",不能说假话、谎话,调解的时候也不能当面把对对方不利的话说出来。先劝解,等双方情绪缓和一点,就利用经典、讲教法,还要结合国家的法律。法律我知道一些,不多,但也要用的,再就是人情。我要首先分清楚谁对谁错,不然你这会儿就算压住了,两口子不闹了,过一阵子还要再闹起来的。分清对错才可以调解成功。如果我用了各种办法,还是不能和好,还是要离婚,我就主持分财产和怎么养娃娃的事情。

前面村子的张某某(男)和王某(女)两口子去年闹离婚。两个人结婚十多年了,有一个儿子一个女儿。刚开始两口子日子过得穷得很,家里没有矛盾,后来为了日子过得好些,男方在藏区做生意,手头慢慢有了钱,就开始耍麻达(麻烦),在他做生意的藏区找了一个藏族媳妇,还养了一个娃娃。女方家的教门好,经常做礼拜。她知道男人在外面有了其他女人,又气又恼,来找我让我调解,希望丈夫回家好好过日子。

我找到男方问他:你媳妇儿要离婚,为啥?他对我还是尊重的,让我进了他的屋子,但就是叽叽歪歪的不好好说,说他和媳妇儿感情不好。我先把他好好骂了一顿:你这良心让狗叼走的家伙,你常年不在家,你媳妇儿一个人里里外外操持家务,吃了不少苦,两个娃娃拉扯这么大了。你一个人在外面不管家,自在得很。有两个臭钱就耍开了,你做的事情太不攒劲了。我骂的他不说话了,我又缓和了一点说,你不要怪我话不好听,你做的事情不管哪里都说不过去,你到法院试试,判你刑哩。你自己再好好想想去。后来我又去了男方家里,了解家里老人的想法,两个老人对儿媳妇都满意,都觉得自己的儿子做错事情了,希望我能说和两个孩子不要离婚。

过了几天,我又到男方家去,我从他脸上能看到不好意思的表情。但是,还是坚持说自己和藏族媳妇感情好,不离开"小媳妇",要和"大媳妇"离婚。我和他之间有这样的对话:

问:为啥非要离婚?

答:我和人家都有一个娃娃了,没有娃娃还可以。

问:你到底是啥想法?

答:离婚。

问:你想过离婚的后果吗?

答:想过,就是多给老大些钱。

问:你老婆这么多年,有没有对不起你的地方?你凭良心说。

答:没有。

问到这里,我趁机说,既然没有,你这么多年让人家守活寡,人家还给你伺候老的。人家要是不顾你,把你告了,你就是重婚,要给你判刑的。这么好的媳妇哪里找?你再想想,不要把事情做绝了,不然对你不好,你再想想你这边的两个娃娃。你说那边有一个娃娃,这边还有两个娃娃呢。

我又一次到了男方父母家,动员他的父母再劝劝自己的儿子。虽然他父母说儿子是个“皮板筋”(固执),我们说了好多次了,他就是不说话,也不表态,愁人得很。但是,仍然答应好好劝劝自己的儿子,不要儿子离婚。他们的态度让我感觉这个事情说和的可能性比较大。

从男方家里出来之后我十几天没有找他们任何人。十几天以后,男方主动来找我,说自己不想离婚了,我问他想好了没有,为啥又不想离婚了。他说自己想好了,这十几天父母亲戚都劝他,他也觉得自己事情做的不亮豁(不好,不对)现在不想离婚了,可是那个“小”的藏族媳妇儿怎么办。他让我给他出个主意。我想了想,觉得我不能出这个主意,这得由他自己解决。我就说:你是男人,你自己决定。要把人家的心安顿好,不要做过分的事情,不要做违法的事情。

在男方找我的第二天,女方又来找我,怕男方旧病复发叫了几个亲戚,想让我也去,让男方当着大家的面表态。我就跟着男方到了他们家,几个年长的亲戚都在。男方当着我们的面明确说要和那个藏族媳妇断掉关系,好好过日子,再不耍这些事情了。这个事情就这么解决了。

最后,敏阿訇还进行了总结:

我无论解决什么事情都不能越过法律的尺度,我们教门上也教导人们遵守自己国家的法律。我们调解事情也是这个原则。但我们也说不能不按照教法,其实,我们的教法好多和国家的法律规定的内容是一样的,只是说法不一样,两个不矛盾。

(二)正式权威主导下的“官民合作”

1. 群体内纠纷①

在甘南卓尼县拉力沟自然村调研时,我们发现村里的纠纷其实比较简单,但也呈现了一定的规律性:对于婚姻家庭纠纷首先选择在血缘关系组织即“亲沙尼”②内部进行调解,调解不成功的情况下,其次才会考虑向血缘外的正式组织——自然村的“队长”即村民小组寻求支持,若村民小组调解不成功,行政村的书记和村主任就会接着介入纠纷的解决活动,若当事人双方还是无法达成共识,就会选择以诉讼的方式了结纠纷。③

邻里之间的纠纷具有农牧区生产生活特点,主要是牛吃了庄稼引发的邻里纠纷。为适应承包责任制后不再由村里统一人员看管各家各户田间地头庄稼不被牛羊践踏的新情况,人们联合起来雇佣专门负责田间事务的“俄拉”,谁家的牛羊践踏了庄稼,“俄拉”要负责找到牛羊主人,给予罚款,并要求牛羊主人向损失者赔偿。据村民讲,喇嘛、活佛一般不参与纠纷解决;按村民的理解,喇嘛、活佛参与的是与人的生命仪式相关的大事。在调研中,我们碰到了一个家

---

① 聚集在一起的同类的人可以形成一个群体,群体不是一个绝对的概念而是一个相对的概念,这里的群体指村落。

② 在藏语中“沙尼”的意思是基于同一部落血缘关系而形成的成员之间具有亲属关系的组织,各沙尼间彼此身份关系明确。沙尼最初的形成与汉族的家族属于同一性质,但随着沙尼的发展,沙尼结构逐渐改变,其作为民间互助组织的特征逐渐显现,这是因为基于田地租赁关系一些新成员(当地人称其为田地沙尼)被纳入沙尼,还有因为互助关系而形成的新型互助沙尼。这样,无论从组织结构的变化上还是在具体作用上,沙尼作为社区互助组织的特征日益明显。参见赵利生等:《扩大的家族》,载《民族研究》2009 年第 2 期。

③ 从乡、行政村、自然村(村民小组)的三级调解组织体制看,当事人也可以选择请乡司法所调解,但拉力沟因为距离乡司法所比较远,故一旦当事人在本小组调解不了,就选择距离较近的法院提起诉讼。

庭纠纷经历了从调解到诉讼又经历调解的完整过程。具体案情如下：

村民吕某某夫妇结婚后一直没有生育，想了很多办法希望还是落空，眼见生育无望，夫妇二人决定收养一个孩子。在本村姬某的介绍下，夫妻两个决定收养同村李某某的小儿子。为防止日常发生纠纷，双方非常慎重地签订了收养协议。内容大致是：当事人吕某某因年岁已高，没有生育子女，为了使自己老来有个依靠。与同村的李某某协商，将李某某现年十五岁的三子李某主过继给吕某某为子。进门之后，李某主改姓为吕。过继之后李某主要听从继父母的教诲，要学会孝顺，继父母也要把李某主当作自己的亲生儿子，不怀疑、不虐待，要负责给李某主娶媳妇并承担所需要的一切费用。若李某主不尽人子之孝，好吃懒做，则其原父李某某应当对李某主进行批评。如果吕某某夫妇没有按照约定做好自己的事，则后果由吕某某本人承担。

在后来的生活中，吕某某夫妇与李某主相处并不愉快。吕某某对继子李某主的评价是"好吃懒做"，不听老人劝告。双方互相埋怨批评，时间一长，误解加深，一次争吵之后，李某主动手打了继母。此纠纷在"沙尼"们的介入下调解解决，"沙尼"们对李某主进行了批评教育。李某主道歉并写下了一个错别字满篇的"保证书"，保证以后不睡懒觉，不擅自做主。但好景不长，双方又发生了冲突。李某主用农用拖拉机的"摇把"击打吕某某的头部，致使吕某某头破血流，当场倒在地上。李某主并没有采取救助措施，而是开上拖拉机和媳妇离开吵架现场。吕某某被村里人发现后送到医院包扎。该事件发生之后，吕某某认为，双方已无法共同生活下去，便向法院提起诉讼，请求解除收养关系。卓尼县法院受理后认为，收养之时，被收养人已经超出法定年龄，所以，收养关系不成立。法院还对包括米面油在内的共有财产进行了分割。[①] 判决之后，李某主未经吕某某的同意，趁吕某某不在家的时候，从吕某某家中拉走了粮食面粉清油等，数量也不是判决书确定的份额。

按照村委会主任的表述，此事后来由乡、村、组三级"领导"介入调解，调解小组向当事人讲解法律和政策，讲清楚利害关系，对李某主进行了严厉批评，并且当着三级领导的面，向吕某某承认错误，赔礼道歉，退还强行拉走的米面油；吕某某接受了对方的赔礼道歉，并且保证从大局出发，不再缠闹下去。调解小

① 参见卓尼县人民法院(1999)卓尼法民初字第49号。

组特别强调，双方若违反调解协议继续闹事，则一切后果自负。

在这个案件中，国家机关与民间权威之间进行了有效的配合：矛盾双方当事人首先选择民间调解，不过，虽然司法部门的及时介入是非常必要的，但一定要注意民间调解员的作用。这样有助于改善国家与社会的治理结构，发挥各种调整机制的作用。

2. 群体外纠纷

在甘南拉力沟我们没有碰到宗教人员参与纠纷解决的事例，随着法治宣传的深入和人们整体文化水平的提高，一般来说人们会根据不同的事件寻找相应机关或部门进行解决。但是，在民族地区，哪怕是对于生活在民族自治地区的其他族群成员而言，宗教人士还是具有较高的地位和权威。在调查中，当问到"有纠纷的时候你怎么解决"，有 70% 左右的人会选择找"政府"（这里的政府包括有解决纠纷功能的所有国家机关），有 15% 左右的人会选择找喇嘛解决。而且这一选择和受访对象的年龄有关，年纪超过 50 岁的必定选择找喇嘛解决，年纪越轻，选择找政府解决问题的比例越大。民众一般也会根据事情的类型选择不同类型的权威，整体情形是：政策的找政府，生活的找喇嘛。不过对于农牧民生产生活中发生的偷牛盗马纠纷、草山纠纷，往往因为超出了行政管辖地界，主管的政府部门出面解决纠纷并不是特别有效。这类案例我们并未碰到，但一些学者在调研中搜集到的具体案例可以支持这一点。比如，1998 年塔公乡格日马村与相邻的道孚县发生抢夺牛羊和争夺草山的械斗，双方打了将近一个月，最后双方县长身穿喇嘛服装才得以进入这一区域进行调解。之所以这样做，是因为双方政府的干部都是被攻击的对象，但都不打喇嘛。这一过程具有重要的象征意义。这正是藏传佛教作为传统权威所具有的优势。①

（三）差异文化互动背景下的纠纷解决与权威之间的合作

在多元族群文化背景下，本地居民对国家权威和民间权威，对包含国家规则和民间规则在内的规则都是了解的，即便是离开自己的家乡到了外地，在一个完全不同于原来生活环境的地方，这两种权威和规则都在交替发挥着作用。我们以在广州市经营拉面馆的化隆籍回族群体为例集中说明这一点。

---

① 舒勉、陈昌文：《藏族牧区稳定与发展中的权威分析——以基层政府权威和宗教权威为例》，载《西藏研究》2003 年第 3 期。

比如,从20世纪90年代开始,青海化隆人在广州开第一个牛肉面馆,接着该地回族人逐步在广州开设了第二家、第三家面馆,到2000年后青海省化隆县回族人在广州开设的牛肉面馆如雨后春笋般的出现。当这些回族人离开族群文化氛围浓厚的聚居地到沿海开放城市经营拉面馆的时候,情形就变得比较复杂:一方面,他们不可能和在家乡生活一样将交往的范围囿于本民族内部,但是,他们的社会关系网不仅有限而且封闭性很大,他们熟悉的、互相认可的地方规范、族群规范只能在他们这个团体内部发生作用。另一方面,广州本地居民在面对这些新到人员的时候,特别是广州本地的政府层面表现出了对民族、宗教知识的欠缺,不敢也不愿意接触,担心给自己"惹麻烦"。在广州本地干部的观念中"带白帽子的"人都一样。基于这个原因,一旦出现问题,广州市政府往往是邀请化隆县驻广州办事处进行解决。这样的解决方式导致广州本地司法行政机关法定管辖权力丧失,大量本该通过法律途径解决的问题被私自解决,甚至一些应当追究刑事责任的案件也被私下了结,一些正当的行政管理行为也被不恰当地放大为民族、宗教问题。

从事一项餐饮自然需要达到基本要求、办理相关证件。对于刚走出偏远山区来到现代化大城市的农民而言,这并不是一件容易完成的工作,因为在许多人的成长经历中与政府直接打交道的事项少而又少,甚至有些人从未走出过村庄。他们日常使用的是化隆方言,即便是纯正的普通话,对于他们中的部分人员而言也不易听懂,更不用说使用普通话进行人际交流。而且在广州市,相当多的人员说的是夹杂着各地方言的普通话。这些大概是许多拉面馆经营者在不办理任何证件的情况下就开始营业的重要原因。调研数据表明,在广州市的800多家化隆拉面馆中,大约只有三分之一的餐馆办理了所有证件,另外三分之一的餐馆办理了部分证件,还有近三分之一的拉面馆没有办理任何证件。[①] 无证经营给行政机关的管理监督增加了盲点,特别是食品安全问题。因此行政机关对于食品餐饮行业的整顿治理也就是自然而然、很有必要的举措。

自2005年5月开始,广东省的中山、东莞等市加强了对餐饮行业卫生环境的整顿整治工作。当地政府部门依据《无照经营查处取缔办法》和《查处无照经营行为条例》规定,开展了无证经营行为专项整治活动,中山市130多家化隆

① 引自化隆县政府驻广州办事处提供的数据。

拉面馆中近百家因为无照经营成为整治的重点对象。专项整治工作引起了大力推动“拉面经济”的化隆县政府的重视。该县主要负责人指出,化隆拉面要在全国站得住脚,就需要提升档次、改变形象、树立品牌。为此,县里要求职能部门强化对于外出经营者的系列培训,包括技能培训和管理制度的培训,要求所有在外经营拉面馆的化隆人必须严格执行当地城市卫生、环保、城管、消防等方面的规定,办理各种相关的经营手续,持照经营。同时,化隆县还积极注册了“化隆牛肉拉面”的商标并申请了专利,要求劳动就业部门的工作人员到本县劳动力输出比较多的城市如上海、苏州、杭州、广州、厦门、深圳等,选择一些铺面推动标准化示范工作,包括“店员服务、店面形象、店面名称、经营模式”等四个方面的标准化在内的。店面的形象突出蓝天、白云、青海湖、冬虫夏草等青藏高原的文化元素,突出拉面原料牛肉的特点。但在实际经营中,营业者还是使用“化隆拉面”“拉面馆”甚至使用“兰州拉面”等各种名称,不一而足。

对于化隆拉面经营群体而言,面临的是餐饮经营的规范化、标准化问题,这意味着需要对这些要求背后的意图予以领会,以及对一种新的工作方式和生活方式的适应。依据法律法规的规定,开一个拉面馆需要办理的手续,涉及消防、环保、卫生、工商、税务等多个部门。若办理相关证件,第一步,要了解所租铺面的使用性质,只有商住用房,才可以用来经营拉面;第二步,办理经营场所的装修许可手续,主要包括:向消防部门申报消防图纸审核,申领《建筑审核意见书》,向卫生防疫部门申领卫生许可证,向环保部门申办厨房排烟、排水以及对周边影响的许可手续;第三步,若要买卖烟酒,还需申办烟酒专卖许可;第四步,在装修结束后,将《建筑审核意见书》《消防验收申报表》等表格交消部门申办《消防验收意见书》;第五步,携带证件、照片、出资证明等到工商所申请办理营业执照;第六步,携带营业执照办理税务登记证。

要办理上述程序化管理中的各个事项,对于长期生活于某个城市的市民都是一件颇为烦琐的事,对于化隆拉面馆的老板们来说自然有相当大的难度,因为他们中的许多人是文盲。在他们看来,这些手续实在有些复杂烦琐,甚至认为这是办事人员在有意刁难他们,所以难免会产生抱怨。用他们的话说,就是上面的政策是好的,也就是“下面”不行(意即执行人员态度不行)。这当然是属于个人的不正确理解。作为政府的办事机关无法因人而异、量体裁衣。

为了帮助化隆籍劳务输出人员解决在各地经营过程中碰到的问题,化隆县政府在广州市设立了办事处，为在该地的务工人员提供咨询服务，协调解决经营中和生活中发生的问题。从化隆来到广州经营拉面馆的“马阿訇”因为在化隆时接受了比较好的教育，阅历丰富，成为化隆老乡心目中脑子活、会说话、能力强的“能人”和成功人士。如果需要办理各种证件，就委托他代为办理，他也乐于从事这项体现其能力的中介服务。同时，他也成为化隆县驻穗办事处不拿薪水、没有编制的“马主任”，帮助解决纠纷、了解信息，当然也成为广州市各区政府办事机构所倚重的有社会影响力的社会人士。

在走访中，马阿訇是这么看待上述问题的：包括族群文化差异、南北文化差异、城乡文化差异等在内的文化差异是导致彼此间沟通困难的原因，由于沟通不畅导致误解，这都是正常的，重要的是解决好沟通问题。能够有这种其他同乡很难具有的认识高度，恰恰说明，马阿訇能够站在跨文化的立场上思考这些问题。他所具备的正是这种在不同文化之间进行沟通的能力，有了这种能力便可对仅具有单一族群文化知识背景的“老乡”们提供中介服务。另外，跨文化的中介服务与社会分工所引发、滋生的中介服务毕竟有着根本性的不同，这说明了公共文化建设的严重不足。

与其他经营者们不同的是，马阿訇对于上述政府部门办事规程的看法就显得平和、客观得多。马阿訇总结了拉面馆老板们的“短板”：不识字、不会说普通话，对于法律规章要求的图纸、提供的证件，以及抽油烟机的安装要求、卫生要求等，当然无法看懂，自然也无法与政府办事人员有效沟通。

个别经营者自己的想法无法满足的时候，往往归责于政府及政府办事人员，认为是办事人员故意刁难自己。这种认识导致他们通过选择过激的行为表达不满。但是，大多数经营者还是能够正面理解问题，认为这不是政府的责任，自己读书少、不识字、能力不行，不能怪别人。事实上，广州市的一些具体办事部门、办事人员的办事态度与办事效率给这些“外来”的经营者们留下了非常好的印象，有的老板甚至用“以人为本”几个字来褒奖。不过比较一下，马阿訇的说法具有其他同乡所不具备的深度和高度：

拉面馆，本钱不大，容易赚钱，来钱也快，是我们青海人、化隆人发家致富的命根子、好门路。真心话，这里的政府对我们拉面馆好着哩。有些拉面老板说政府欺负我们少数，这话不对。就在甘肃、青海本地要开拉面馆也要办执照，健康证、许可证，都要办哩。这事他们也清楚，到这里就装糊涂，还乱说话。人家政府做得对，该啥就是啥嘛。①

从解决纠纷的权威组织的分工与职责而言，正式权威负有维护公共性的责任，而非正式权威未必有这样的责任。但就现实而言，非正式权威能够成为权威，往往是因为多方面的因素，比如非正式权威人物的道德水平、见识、人缘关系、协调能力等，对于公共性的建设起到了很重要的作用。在多元族群文化背景下，非正式权威对于差异文化之间的良性互动以及公共性的建设具有非常重要的作用。

二、纠纷解决过程中的国家制定法与少数民族习惯法

如果要对国家制定法和少数民族习惯法的关系进行分类，大致可以分为以下几种：

第一，少数民族习惯法的内容与国家制定法的内容基本一致。这种情形几乎没有探讨的价值。

第二，少数民族习惯法的内容与国家制定法的内容不一致。民族地方通过地方立法权以自治法规的形式对民族习惯法的内容进行认可，通过地方立法认可的内容就具有了和国家制定法同样的效力，成为国家制定法的组成部分，成为实务部门解决问题的依据。

第三，少数民族习惯法的内容与国家制定法的内容虽然不一致，但是作为解决纠纷的互补规则存在，或者与国家制定法的内容冲突，无法并存。突出表现在刑事案件中，一种是习惯法允许但是国家立法明确禁止的行为，比如早婚早育、一妻多夫、一夫多妻等；还有一种是习惯法明确禁止，但是国家立法没有涉及的事项，如对神灵的亵渎、违法禁忌、通奸等。从解决纠纷的角度来看，二者的差异主要表现为二者对责任方式、手段、程度认定的不同和差别，表面相同的责任方式有着不同的内涵。

少数民族习惯法与国家制定法在解决纠纷中的不同，实质上是社会效果与法律效果的不一致。因为国家制定法与少数民族习惯法不一致，司法机关依据

---

① 熊威：《社会网络的资本化》，兰州大学 2011 年博士学位论文，第 117 ~ 151 页。

国家制定法对案件作出司法裁判之后,其结果并不为当事人所接受,因而要求按照少数习惯法对该案件重新处理,虽然这种结果不具有国家制定法意义上的法律效力,但普遍得到少数民族成员的认可和接受,学界将此做法称为“二次司法”。或者是进行案件转化,比如刑事案件转化为民事案件。还有一些案件通过不立案侦查、不起诉等程序机制消弭民族习惯法与国家法二者之间的冲突。这些具体操作手法无疑还要靠制定法上的话语系统进行包装,但其意义能在民族习惯法上被接受。①

以下我们通过调研获得的一些资料和其他学者搜集到的一些资料动态展示多元族群文化背景下回族习惯法、藏族习惯法与制定法在实际运行中的关系。之所以区分习惯法、制定法,是因为这两种规范体系表现出了各自独特的文化品格和生产生活状况,在实践中表现出的具体问题有一定差异。

(一)牛肉面、族群文化与公共性

1. 兰州拉面:族群文化与国家制定法

由于从一出生就耳濡目染,伊斯兰的教规教义是约束回族人行为的重要规范标准,对离开西北村落到达广州的经营者也不例外。尤其是同乡之间产生纠纷,他们更注重的是恢复由于纠纷导致失衡的社会关系。对于他们群体内部解决纠纷的方式,当地政府工作人员很不理解:“离开了他们的聚居地,在我们的管辖范围内,他们的阿訇还能有这么大的影响力”,“这些人太奇怪了,明明是违法行为,还不让我们管”。为了更详细更生动地呈现这一点,我们通过一个案例具体说明。

在西北回族人外出打工的过程中,工程建设和清真餐饮是两个主要的行业。为了避免行业内部恶性竞争,青海化隆拉面馆的内部行规规定,在500米之内不得另开拉面馆。一个来广州谋求生计的化隆回族小伙看中了一个地段,想开一家拉面馆,但在这一地段上已经有两家生意不错的化隆拉面馆,根据青海化隆拉面馆的行规,他已经不能在这个地方再开一家拉面馆。不过,他还是在这个地段找了一家“铺面”,付完押金之后,找了一张纸有意写了“兰州拉面”几个字然后贴在铺面的门上。作为老乡的相邻两家“兰州拉面”馆的经营者知

① 杜宇:《重拾一种被放逐的知识传统——刑法视域中“习惯法”的初步考察》,北京大学出版社2005年版,第175~239页。

道有人想在此开业，根据青海化隆拉面馆的行规，自然坚决反对，他们在这张写了“兰州拉面”的纸上也写了几个字，对试图开业者发出警告：“想见血，就在这里开面馆。”试图开业者写了几个字予以回敬：“面馆天下人都能开，有本事打电话 139××××××××。”结果，双方从文字上的你来我往发展到面对面的打斗，有人受伤。打人者是一个 60 多岁的老者，其将试图开业者的门牙打掉。当地派出所以轻伤为由将肇事者拘留。肇事者家属原本心里盘算派出所会考虑老人“年龄过大”，不会制裁，但在派出所拘留数日看不到希望以后向马阿訇寻求帮助。在后来的调研中发现，当时派出所其实也在为此事犯愁，经多方打听，马阿訇是处理此事的合适人选，就向马阿訇打了电话，请求其向派出所提供咨询意见。

到派出所后，马阿訇首先寻求将犯罪嫌疑人“保释”出来。马阿訇首先向所长说明了两层意思：一是该案子是个民族问题，还是“我们处理好一点，你们处理就复杂化了”。从事拉面馆经营的化隆籍群体也不懂法律，对于打掉门牙的行为是“伤害”还是“毁容”（马阿訇自己的定性）也不懂，派出所向这些人解释起来太费劲，还不一定有效果。如果解决不满意，他们几十个人聚集起来到派出所拉上横幅“闹事”，影响不好。二是最好的办法还是调解，因为这些群体在老家发生纠纷就是通过调解解决。

马阿訇确实抓住了派出所工作人员在民族文化知识上的“短板”和顾虑。因为明显的环境差异和平时接触的知识信息的重心不同，包括警察群体在内的广州市政府工作人员对于族群（民族）关系知识、宗教文化尤其是伊斯兰教文化比较陌生，但是，所有人都明白民族问题是比较敏感的问题，需要谨慎对待。为了弥补自己在这方面知识的不足，邀请相关族群人士参与纠纷的解决是可行的方案，因此，马阿訇作为非正式权威的代表某种程度上是在帮派出所的忙。既然是族群内的纠纷，就交给他们按照他自己的办法去解决，不仅效率高，社会效果也不错，派出所何乐而不为呢。

之后，马阿訇按照自己熟悉的工作套路展开了调解。其办法是：（1）首先把双方分开，等双方冷静后再做工作，而不是马上进行调解。（2）针对伤害者，马阿訇“拿出”了派出所对该行为的定性，涉及两项即伤害和毁容，性质非常严重，要被拘留“坐牢”。至于为什么是毁容，按马阿訇的解释是因为受伤者是个小伙子，还没结婚，而门牙是一个人的“门面”，关系其外在形象。伤人者要么接受拘留,要么为自己的行为和后果“买单”走人。(3)针对受伤者,在进行安慰的基础上,指出了他本人的过错,然后希望接受调解,让对方赔偿。强调双方都是乡里乡亲,都是穆斯林,若把对方进行拘留,自己的赔偿就拿不到多少。拘留后,对方的家人在广州怎么生活?以后双方还见不见面?还回不回老家?做人不能太心狠等。老乡圈子里“影响”不好,“传出去大家骂哩!”(4)最后马阿訇表示,你们双方若要接受我的建议,那就痛痛快快写个协议书。如不愿意,“我”就不管了,你们也别再找“我”了。

从中我们既可以体会到马阿訇娴熟的调解技艺,这些技艺与其丰富的人生阅历和扎实的宗教知识有关,也可以明显地看出相对于其他青海同乡而言,他对于广州的现代生活方式的适应能力更强一些,在访谈中他对于如“买单”等词语运用得自然而娴熟。同样在广州市开拉面馆的他如鱼得水,在经营拉面馆的同时能找到其他的利用自己能力的机会,利用身份、知识与阅历在族群文化与国家法律之间架起了对话的桥梁。用马阿訇的话表述就是,尊重“两个人”(双方当事人)的想法,签字画押(签订调解协议),而不是用家长的方式命令(试想如果纠纷发生在老家,调解的具体语境发生了变化,调解方式就会不一样),同时使用了一些法律概念(尽管也有一些是自己创造的)和宗教教义,帮助纠纷双方分析利害,进行利益权衡。最关键的还是保持中立和公正。在调解一开始的时候,伤害者就向调解者马阿訇表示给他一些钱,希望偏袒自己,这一要求被拒绝。马阿訇的理由是:如果受伤者是伤人者自己,心里会怎么想,这么做公不公平?两颗门牙被打掉了,涉及两个罪名,一个是伤害,另一个是“毁容”,严重到这种程度,不管是谁,心里都不舒服。但是,在调解协议签订后,当伤人者给马阿訇一百元当作电话费时,马阿訇并没拒绝。马阿訇向我们解释,“他给多少,我都敢拿,协议签了,他们都满意了。当着大家的面给的钱,这个钱当着大家的面,我敢拿”。

《人民调解法》在调解依据上只是规定了自愿平等和不违背法律法规和政策两项原则,这为族群文化知识和地方性知识发挥作用留下了空间。伊斯兰教教义教规作为一种内在的规范性力量,对经营牛肉拉面的回族流动人口群体的行为进行了有效的调控与指引,尤其是如果一项纠纷在性质上与宗教信仰、风俗习惯相关且当事人均为穆斯林时,教义教规就成为当事人双方同时参照引用的行为规范标准。即使纠纷一方当事人为非穆斯林时,教义教规也是影响纠纷解决的重要因素,因为另一方当事人往往出于对对方宗教信仰和风俗习惯的尊重,会做出一定程度的让步,从而使得纠纷快速解决。不过,深入思考一下,无论是双方均为穆斯林的情形,还是其中一方为穆斯林的情形,国家法律和教义教规均同时在场,表现出的是不同层面的公共性。

2. 饮食、族群关系与市场规制

这类纠纷在清真食品生产与供应、销售方面表现得比较突出,各民族自治地方对于清真饮食以单行法规的方式作了规定。随着广州市穆斯林人口的迅速增长(其中包括来自其他地方如非洲穆斯林的人口),对清真食品的需求也在日益增加,清真食品的生产、供应和管理无法及时跟上这种变化,在清真食品的生产供应领域产生纠纷。“拉面馆”经营者与清真食材供应商之间往往也会因为来源是否“纯正”问题发生纠纷。

首先看一个清真饮食食材供应方面的案例:几个拉面馆经营者与食材供应者发生纠纷,他们认为供货者提供给他们的鸡不是“宰”的,因为鸡脖子上没有刀口,怀疑供货者送来的是死鸡肉,拒绝付款。最后,他们找到马阿訇专门去内蒙古屠宰场进行考察。考察之后,经营者认为符合伊斯兰教法,争议自然消失。

在清真餐饮业经营过程中,也可能就餐厅服务员的聘用、后堂大厨的聘用、是否提供酒水等发生争议。面对清真食品经营者之间的纠纷,马阿訇以伊斯兰教的宰牲知识和宗教当中“公平竞争”的理念做说服工作。拉面馆之间偶尔也会出现以食材是否“清真”为关键点的非良性竞争的行为,如散布一些流言造成对方拉面馆非“清真”的舆论效果,影响对方市场形象和清真身份。这种恶性竞争被马阿訇反映给广州本地的清真寺,在做礼拜时,清真寺专门就此类不良现象进行教育引导。

经营拉面馆投资小、利润高、回收成本快、风险相对较小,转让率自然也高,由此出现了以买卖拉面馆为业,可以被称为“拉面馆中介”的专门经营者。因为交往范围的有限性,他们转手的对象多为同乡、亲戚朋友或者同族人。但也不排除例外,有一些非穆斯林在经营拉面馆时,因为本人对于民族宗教知识缺乏了解,尤其是作为一个“新老板”在买下铺面时,对于店面的清真标志认识不足,仍旧保留以前经营者所使用的各种清真标志,从而引发了“清真餐馆不清真”的问题。从这一点看,族群之间的相互尊重需要彼此之间对对方有所知、有所了解,或者说,在从较为封闭狭小的活动空间走向更大范围的活动空间的过程中,各族群文化让对方了解自己是非常重要的。如果经营者并非穆斯林,清真拉面馆就会与对方交涉,要求去掉与"清真"有关的标记或者名称。对于"清真餐馆是否清真"的问题,马阿訇自然成为最权威的发言者和纠纷的调解者。经营拉面馆的化隆籍回族群体虽然移居城市,但是由于法律知识的欠缺,当法律知识和族群性知识以及传统的地方性知识相遇时,经营拉面馆的群体倾向于通过采取维护表现族群身份的各种标志与符号,寻求、维护他们在市场中的经济利益。因为,对于法律而言,他们只是知道有这么一个权威东西存在,但具体是什么自己并不熟悉,无法有效运用。

再看一个餐饮经营与公共卫生方面的案例。依据广州市餐饮业经营的规定,在公共厕所 100 米距离范围之内不能从事餐饮。一名准备经营拉面馆的化隆籍人相中了广州市天河区的一个铺面,但该铺面距离最近的公厕仅有 20 米。该开业者并未申办各项手续,就开始装修,工商部门发现后前去制止,在制止无效情况下,工商与公安联合执法准备对该面馆进行查封。但是,该经营者手提菜刀,站在门口,说胆敢进去就不客气,"杀一个我够本,杀两个我还赚一个;要是敢进来,我就点煤气罐"。面对此严重对立局面,执法部门综合考虑,邀请马阿訇协助行政执法,对相对人做说服工作。

通过我们对马阿訇的口述资料进行的梳理,说服工作采取了三步:首先,将宗教教义告诉对方,即"不能吃大肉,不能吃死肉,不能吃血,不能偷盗,不能吃不洁净的东西",所以,不能将餐馆开在公厕旁边。但执法对象表示不搬,如要搬,就把公厕搬走。其次,充分利用熟人社会的潜在影响力。也就是,马阿訇告诉对方若不搬走,就告诉老乡圈子的熟人,说对方不是穆斯林,这显然是说要以行为表现判断其族群身份的"话语力量",实质上是身份归属包含着行为上的应当。对方不说话,后来答应换个地方经营。最后,马阿訇把法律与《古兰经》的规定给执法对象比较了一下,对方表示信服。

在这个案例中,教义教规和族群知识对作为当事人的拉面馆开业者的意识、观念具有更大的影响,而不是现实生活中的国家法律。化隆县因为山大沟深,对外信息了解少,交通不便。这种生存空间导致国家权力和国家法律在这些地区的普及程度非常低,人们的生存圈子限于熟人。还可以看到,族群知识和地方性知识之所以发生作用,是因为当事人生活圈子的族群性和封闭性。一个外出打工者本身就是依靠这种亲邻关系链条才到了广州,如果不被这个熟人圈子认可,以后他就只有打道回府的份儿了。由此可以看出,纠纷解决的场景本身所具有的影响,这个具有单一知识的开业者面对的不仅有政府相关主管部门,还有代表了族群知识和地方性知识的阿訇以及更多的潜在参与者——在广州的化隆人。这明显有别于人口流动更加频繁的东部平原地带的情形。改革开放以来,东部平原地带农村人口的对外流动达到了很高的程度,这些常年处于流动状态的群体已经与外部世界建立了各种层面、各种意义上的社会交往关系。尤其是为数并不算少的闯荡在外的人,倾向于把家安在交通、信息、教育和医疗等比较便利的城市、城镇,已经不想回到自己所熟悉的那个农村。这些外流的人口对农村社区的规则与权威已经逐渐陌生或者压根就不当回事,反之,法律在他们身上的影响逐渐增大,农村非正式权威日趋衰落。对于这些地区的乡村社会而言,其运行逻辑已经处于重构之中,非"熟人社会"所能概括。①

对于在广州大街小巷中奔波的化隆人来说,无论到达广州的年限有多长,广州仍然是他们暂时的栖息地而已,化隆才是他们永久的家,才是他们永远的归属,无论他们生活在哪座城市,只有化隆是他们的精神家园。这种坚持,在纠纷解决方面能够得到反映,他们内部发生矛盾之后都愿意请双方熟悉的年长且有威望的人来调解解决。如果实在讲不清道理,他们宁可打一个长途电话给远在青海化隆的本坊阿訇,向阿訇请教,也不愿意到所在城市的清真寺。有时候,甚至于请本坊阿訇不远千里专门来解决纠纷,也有把纠纷暂时搁置,等过年过节的时候回到老家再解决。

3. 兰州拉面:族群性知识、地方性知识与市场规则

2015 年 6 月,甘肃省"东方宫"开设在深圳的兰州牛肉拉面连锁店(以下简称"兰拉")与青海省化隆籍经营者开设的兰州牛肉拉面馆(以下简称"青拉")之间发生了纠纷,此外在上海等地也出现了此类纠纷。对于拉面"两兄弟"向外拓展过程的人类学考察已经在序言部分做了简要介绍,此处主要讨论两者纷争背后的东西。整理其中的争议点,主要有三:

第一,关于行业规矩问题。"青拉"认为"兰拉"破坏了行业规矩,即拉面馆之间的空间距离不能少于 500 米,作为后来者的"兰拉"却破坏了这一行业规

① 贺雪峰:《新乡土中国》,北京大学出版社 2013 年版。另可参见董磊明:《宋村的调解》,法律出版社 2009 年版。

矩。但“兰拉”并不承认存在这一行业规矩,如果有,那也是“青拉”自己的行业规矩,而不能扩及非“青拉”的成员。事实上,从兰州到外面去开店的牛肉面经营者以及在兰州市的牛肉面经营者经常相邻开店。

第二,牛肉拉面的发明权归属。“青拉”认为牛肉面是发源于青海穆斯林,并且在牛肉面向外拓展经营过程中,“青拉”做出了贡献。青海人对于“兰州拉面”知名度的提高贡献很大。言下之意是,“青拉”早于“兰拉”,从很大程度上来说,兰州牛肉拉面在全国的名气是青海人用辛勤劳动培育出来的,当然有资格制定牛肉拉面的行业规矩。

第三,关于“兰州拉面”名称的使用问题。在牛肉拉面经营过程中,“青拉”经营者使用的名称多数是“兰州拉面”“牛肉拉面”,也有一些使用“化隆拉面”“青海拉面”。但兰州市的经营者和普通群众叫“牛肉面”,作为经营者都会在牛肉面之前冠名“×××牛肉面”,主要如金鼎、马兰、马子禄等。当然,东方宫、吾穆勒、马中华的规模更大,经营范围不限于拉面,故直接以名称来命名,“牛肉面”只是其提供的面食种类之一,面食中还有炒面片、拉条子、浆水面、酸汤面等。在“兰拉”经营者和兰州人眼里,“青拉”经营的主打面食是拉条子、炒面片等,并非真正的牛肉面。

这些纠纷并不是因为铺面的经营者冒用“清真”身份而发生争议,而是因为发生争议者对行业规矩是否存在以及这一行业规矩的空间效力范围如何发生了分歧。“青拉”认同的行业规矩显然具有地域性,在“兰拉”经营者看来业界并没有这一行业规矩,发生纠纷是因为“青拉”将自己的行业规矩的效力范围扩大所致,应以《公司法》和《反不正当竞争法》为依据从事经营。

牛肉拉面的经营者主要是穆斯林,作为一个地方品牌在全国乃至全世界拓展市场的过程中,如何在地方性知识、族群知识与利益之间,以及这些局部性的知识体系与统一的市场规则之间怎样建立良性互动关系,是不同地方、不同族群的人们在走出比较狭小的范围面对不同文化时所必须面对的问题。

(二)习惯法与国家制定法

在对藏族习惯法的调研中我们选择了甘肃卓尼县拉力沟村,但是无论是在该村还是在当地法院,都没有收集到典型有关的藏族习惯法的案例,尤其没有收集到与国家立法不一致的案例。实际上大量的论著等二手资料也可以成为我们对藏族文化品格及其与国家制定法在时间层面关系进行分析的依据。

1. 性(犯罪)方面的案件

在藏族习惯中,将通奸分为未婚通奸(包括已经有婚约的)和已婚通奸。未婚通奸者一旦被发现,由有婚约的男方向女方赔偿“活命价”,如果有私生子出生还要对通奸的男方“罚”抚养费。如果因为通奸而导致婚约破裂,通奸的男方都要向女方的丈夫给付“夺人妇”的身价。通过这些习俗可以看出,在藏族习惯法中,对女性的要求要严于男性,尤其是有了婚约的女性。如果已经有了婚约还与其他男性发生关系,便是违背习惯法的行为。只是,承担责任的不是通奸关系中的女性,而是有过错方的男性。

我们都清楚,一个男子违背妇女的意旨发生关系的构成强奸罪。而在藏族习惯法中,一个男子违背妇女的意思发生关系的案件,公安机关采取“不告不理”,对于不告发的,公安机关不予介入。对于受害人告发的,量刑的时候也是从轻或者减轻。受害人撤诉,公安机关也是同意的。

奸淫幼女的案件的特点是,案件的发生与习惯法对于幼女年龄的认定及严格的成人仪式有很大关系。案件发生后,司法机关对于加害人判处刑事责任,有的承担一定数额的附带民事赔偿责任。对此,当地群众往往对受害人向国家机关告发并予惩处表示不理解,受害人一方及其家庭反而在舆论上处于不利位置。[①]

2. 因为狩猎发生的案件

这类案件一般包括两种情形:一种是外地狩猎者,到达地居民视为水神、山神、地方守护神的地域进行狩猎的,一旦被发现,无论是否获得猎物,均按照藏族习惯法进行处罚;另一种情形是,在非本地居民认为是守护神所在地的场所进行狩猎的,哪怕是按照国家相关法律规定,属于禁止狩猎的范围,而且狩猎者已经获得猎物,无论狩猎者是本地居民还是外地居民,都少有告发,本地居民还给予必要的庇护。

3. 赔命价

“赔命价”(音译为“董家洼”)是藏族法文化中最具族群文化特色的非正式制度之一,同时也对生活在藏区的蒙古族、土族等有一定影响,是考察族群法

---

① 张济民主编:《藏族部落习惯法研究丛书之二:寻根理枝——藏族部落习惯法通论》,青海人民出版社2002年版,第89~95页。

律文化与国家统一法制之间关系的一个切入点。因为学术界对于赔命价已经进行比较充分的探讨,[①]此处只是在本书目的范围内加以分析。

赔命价习惯法与国家统一法制在具体案件中互动的结果可以类型化为三种:一是赔命价习惯法在案件办理中起了主导性的作用,主要发生在交通闭塞、人口信息流动少的藏区,民众没有关于国家制定法的知识与观念;二是赔命价习惯法与国家统一法制之间妥协,此种情形比较常见;三是赔命价习惯法与国家统一法制之间形成对峙,"二次司法"是解决这类案件的常用方法,即使严格按照刑事法律的规定通过法定程序追究了责任方的刑事责任,受害者仍然按照习惯要求"命价",反之,如果单纯按照习惯法进行了"命价"的赔偿,办案人员面临的风险是显而易见的。在现实生活中可以以"民族特殊情况"为理由,通过"刑事转民事"的方法,用藏族习惯法上的财产责任抵阻刑法上的责任。但看起来,更多的情形是政府机关、司法部门和宗教人士等各类权威组成工作组进行工作,形成一种妥协方案:以"赔命价"的不完全满足换取刑罚方面的让步——从轻处罚或者减轻处罚。这一做法,满足了"两少一宽"的刑事政策,在一定程度上疏解了"赔命价"案件中部分当事人的强烈情绪,缓解了传统习惯法与现行法之间的矛盾,产生了一定的社会效果。

但在"法治"的宏观语境下,变通司法和"两少一宽"的刑事政策受到了越来越多的反思。刑事附带民事诉讼作为一种兼顾公共利益和受害人个人利益的制度设计被人们作为解决"赔命价"习惯法中的突破口予以关注。具体而言就是,将藏族习惯法中的"赔命价"习惯法通过地方立法予以变通,在"附带民事赔偿"这一制度空间内予以消化和吸收。

总之,纠纷解决实践中将命价赔偿情况作为刑事制定法上定罪量刑的参考依据,实际上,是运用技术手段将二者背后隐藏的价值分歧暂时悬置起来。这些价值分歧主要有三点:一是认为赔命价将人的生命用金钱财物衡量,但赞成者认为赔命价与刑罚制度的发展趋势相吻合;[②]二是认为赔命价是与等级身份

① 主要论文有陈永生:《"赔命价"习惯法:从差异到契合》,载《中国刑事法杂志》2010 年第 7 期;杨方泉:《民族习惯法回潮的困境及其出路》,载《中山大学学报》2004 年第 4 期;吕志祥:《藏族习惯法:传统与转型》,民族出版社 2007 年版,第 63 ~ 67 页。另有穆兴天、淡乐蓉、南杰·隆英强、衣架奇等人的论文,不一一列举。

② 刘仁文:《死刑的全球视野》,中国社会科学出版社 2003 年版,第 180 ~ 195 页。

相联系的一种制度，与民主平等原则相违背；三是认为赔命价与藏传佛教有密切关系，接受了赔命价事实上就等于承认了宗教对于法律的干预。

作为一种制度和规范，赔命价习惯法在藏区推行的历史语境中，是一种历史知识，在现代民族国家的视野中也是地方性知识，赔命价习惯法是与藏区早先曾经使用的酷刑和死刑之间进行激烈竞争之后成为可能。藏传佛教代表了一种打破藏区当时以“苯教”为代表的分散格局和政治局面，实现统一治理的政治理想。在这一过程中，在价值观与生命生活态度上就需要一种普遍性的学说来支撑这一政治理想。在现代民族国家的背景下，族群文化走向彼此之间的对话，需要形成一种更大范围、更具包容性的普遍性，即中华文化中共享的公共文化。就此意义而言，族群文化表现为一种地方性知识。但在文化对话中，对于更具有普遍性的知识做出自己的贡献。从人类历史发展看，每一次进步都伴随着不同地方性知识的对话交流与融合，形成了更具有普遍性的知识体系。

三、判决书中的日常语言和法律语言

在法治的意义上，判决书中的语言运用问题不仅仅是记录描述参与诉讼的各方当事人的言行，而且要通过判决书实现法律价值的现实化和法律对人们思考方式和行为方式的指引作用。也就是说，语言在描述现实的同时还不断地创造着现实。因此，无论是立法工作还是司法运行中，语言的运用问题有必要详加关注。这自然涉及判决书中是日常语言多一些，还是法律语言多一些的问题。如此发问，也许是有意义的“废话”。因为无论是立法还是司法，除了一些法律中特有的专门术语外，在很大程度上还是要采用普通的生活语言。如果判决中的语言过于专业化，判决书就不大容易为一般的公众所理解；如果少一些专业术语，多一些日常生活的语言，公众接受起来就可能比较容易一些，越到基层这一需要就越明显。但是，司法判决中日常语言的使用，可能会带来口语化、方言化、情感化诉说的处理以及如何对法律文本意图的正确把握等问题。一个统一的法治国家的现实化必然要依托于统一的公共语言。日常语言和专业语言都是民族语言的不同组成部分，但法律语言是采纳改造日常语言之后形成的体系，这一点不同于其他专业语言，并且日常语言和法律语言都是公共语言，相互之间形成相互依赖的关系。

本部分以我国民族地区法院发布在各自官方网页上的刑事案件和民事案

件为基本素材,探讨判决书语言运用中的公共性问题。

(一)身份、语言与公共性

在司法领域,日常语言与法律语言之间的关系被法学界认为具有大众话语和精英话语之间直接“对话”的意涵:日常话语体现了大众的常识判断,法律话语则体现了法律人的法律判断。事实上,近些年来出现的一些引起争议的案件如“泸州财产继承案”“许霆案”“于欢案”等引起了公众和法律专家之间的不同评价。当然这些讨论包含了常识作为知识的可靠性问题、社会阶层的对话问题等视角,但如果考虑到司法活动总是在具体的地域和族群文化情境中展开这层要素,那么,无论是作为公共语言的日常语言还是法律语言,其均隐含了全国统一性与地方特殊性问题。尤其是判决书,由法官同时运用日常语言和法律语言撰写成的,判决书的话语风格直接反映了法官对于统一法制与地方风俗、当事人诉求之间互动关系的理解。

日常语言和法律语言在判决书中同时存在的现实性、必要性和可行性在于:

第一,首先来自法律概念自身发展途径的特点。法律概念的来源无非有三种途径:对日常概念进行改造、赋予旧概念以新含义、直接以旧词组合成为新词并赋予新含义。这三种方式都是在尊重概念日常用法的基础上进行改造、发展和创造,保持了概念与生活本身的延续和变迁之间的衔接。概念的日常理解是到达专业理解的桥梁,为法律概念的理解和解释提供了不同程度的经验依托。

第二,法律职业共同体以法言法语为媒介进行交流和说理固然具有一定的理由和自由,一个从事理论研究的学者可能会使用一些新概念,也会被学术界接受,比如“教义学”概念,但是在法律实践领域这个词似乎不及“法律解释学”一词更接地气。语言哲学的研究表明,日常语词具有多方面的内容,这些内容限制了语词朝一个方向过渡延伸,日常语言接纳一个新词的过程或接纳一个新用法的条件远比学术界接纳一个新词、新用法的条件严格得多、确定得多。新词汇、新用法降低了说理的可接受性,[①]对一个学术概念的理解往往需要进入其特定的理论系统,此为法律学术专门性的体现。但就司法实践而言,司法活动不仅仅是法律职业共同体的对话交流,而且是具有不同社会身份的主体之间

① 陈嘉映:《论理词和论理》,载《哲学分析》2010 年第 1 期。

共同参与的对话活动。社会公众是以日常语言作为媒介进行交流和说理活动的,判决书的书写与法律学术语言有不同的目的与功能。除了在关键性争议问题需要做出更清楚的区分而使用相应的法律术语外,判决书最好运用日常语言与日常概念进行说理,解释法律意图和当事人之间的争议和困惑,若说理变成法官个人的学术讨论,就背离了判决书所负载的促进法治的功能。

第三,内容规范性问题。[①] 一直以来,在对习惯规则和法律规则、常识和法理的对比研究中,法律学界都以"活法"与"死法"来概括这一现象,无法再进一步深入探究,可以说止步于"事实"与"应当"之间的关系究竟为何上。这种研究状况究竟在多大程度上受到了休谟式的"是"推不出"应当"的潜在影响,没有明显的证据资料可用来探讨。但可以说,把日常语言和日常概念仅仅理解为一套"是"或者说生活事实,而把法律视为"应当"或者制度事实的做法有些简单化了。

甚至到现在,对于语言使用的规范性和行为规则的规范性二者之间并没有被联系起来考察,而是分属于研究思维与表达的语言学科和政治学、法学等认为是研究规范性的学科中。一个直观的判断是,日常语言也为公众提供了一套分类体系、价值标准、行为规范和秩序观念,具有一种内在的规范性。日常语言中包含了应该、应当、必须和可以以及禁止等规范性要求,保证了人们能够进行日常交往和实践活动,人们依据日常语言就可进行责任归结,日常语言具有一种内在的规范性或者说人们对之具有内在的规范性观点。[②] 更为现实的是,在诉讼中,当事人是以日常语言和日常概念的方式对法庭陈述事实和表达诉求,法官必须对于当事人以日常语言叙述的内容进行分析和评价。日常语言所具有的内容方面的隐含规范性可以作为理解法律语言和法律概念的一种文化传统和思维模式来把握,也可以作为理解具有外在强制性的法律规范时必须考虑的背景来把握。主体是在具体的语言实践活动中领会规范性内容的,法律文本所负载的内容及其规范性要求充其量是纸上的语义规定,只有在当事人的具体实践中才能获得明确的意义。日常语言和日常概念对于人们来说,具有经验上

---

① 关于规范性的研究可参见郭贵春:《规范性问题的语义学转向与语用进路》,载《中国社会科学》2014 年第 8 期。此处的写作受到了该文的有益启迪。

② 叶一舟:《论常识判断和法律判断的衔接与转化》,载《政法论丛》2014 年第 4 期。

的可感性和基础性,它并不是外在于人们的生活,而是与人的生活交织在一起,先验地约束了人们思考问题的方式和做事的方法,构成了法律概念意义的正确性条件——当然并不是说,法律具有先验的决定性。可以拿个人和家庭概念作为例子,个人与家庭都是显而易见的自然事实,然而在中国文化传统的语境中,家庭是不可还原的最小生活形式,个人并不具有自足的价值,个体只有在家庭中才能获得作为特定个体的意义。而且,家庭并不是欧美意义上的个体组成的共同体,而是一个先验的人际关系制度和生活场所,个体只不过是进入了家庭,而不是组成了家庭,进入家庭使个体从自然意义上的个体具备了社会人性,家庭概念反映的是一个先验观念,男女双方结婚,双方自然而然就会进入了关系状态,彼此之间具有由此关系而来的和谐和责任等。[①] 阅读婚姻家庭纠纷方面的判决书,当事人在具体的婚姻家庭纠纷中诉说"对方"的不是时,这意味着一个由日常语言植入当事人身心当中的理想化的家庭观念和家庭关系的存在,而非完全是现今法律文本在发生规范性作用,也可以说,法律概念借了日常语言的"势"。

(二)案件事实叙述的风格

在民事判决书中的案件叙述涉及三个环节:当事人"诉称和辩称"、证据和"审理查明"。在刑事判决书中,案件事实的叙述涉及"公诉机关指控"、"辩护人辩称"、证据、"审理查明"四个环节。

民族地区法院民事判决书中,当事人关于案件事实的叙述表现为两种不同的风格:一是以当事人的口气写作,比如"原告诉称:我与被告……"和"被告辩称:我与原告……";二是法官站在中立的第三人的立场上转述当事人对案件事实的陈述,比如"原告诉称,其与被告……"和"被告辩称,其与原告……"在法院"审理查明"部分体现为站在中立的立场上对庭审查明的事实进行叙述。

这两种不同的写作风格在刑事判决书中也有体现,大体情况是在公诉机关指控的案件事实这部分采用中立第三人立场,而在证据部分尤其是被害人陈述和证人证言部分根据法官个人的陈述习惯或者自己的理解会采用"我……"的叙事方式。

---

① 赵汀阳:《没有世界观的世界》,中国人民大学出版社2003年版,第25~29页。

1. 当事人的陈述内容和公诉机关的指控内容

以当事人、证人"我……"的叙述风格似乎体现了法官对当事人的陈述、证言进行"未经加工的再现"意图，因而具有更多口语和日常语言的话，以中立第三人立场转述的叙事风格则体现了法官对当事人陈述内容的再组织，把具有法律意义的内容在判决书中予以客观体现的意图。我们要讨论的是互相关联的两个问题：一是案件事实的陈述应该采取哪种方式比较可行，二是如何看待事实陈述部分中的口语问题。因为对于事实陈述的风格并没有强制性的统一要求，从法律人接受的系统学术训练出发，也许会倾向于赞同中立第三人的叙事风格，也更符合法官的角色定位。但是如果说法官要对当事人的陈述和诉求全面反映的话，采取第一人称的叙事方式也不能说就不是中立的，而且是更加全面的反映，第一人称的叙述中还会反映出当事人通过日常语言表达出来的价值观和其对于法律的理解。法官以中立第三人对当事人陈述进行转述的方式也许会"遗漏"一些在当事人看来是很重要的东西——尽管这些东西在法律上未必是重要的，也未必受到法律的支持。如果这一观点成立的话，判决书中的口语问题也有其优点。对此，我们以一份民事判决书为例进行分析：

……

原告诉称：我与被告于2009年11月按习俗进行了结婚庆典，并于2011年3月14日在夏河县拉卜楞镇人民政府补办了结婚证。婚后夫妻感情一般。2011年10月12日女儿出生后，被告就常年出外打工，还把打工挣的钱大部分隐瞒，只给原告和家里很少的一部分，家庭及孩子全部依靠我支撑和照顾，被告偶尔回到家中对原告和孩子非常冷淡。而且被告与我结婚时，被告隐瞒了真实的年龄，因为这事经常吵架。2014年7月被告离家出走至今，对我和孩子不闻不问，致使夫妻感情彻底破裂。

被告辩称：我跟原告经人介绍相识，婚后夫妻感情不错，并不是原告所说的经常因为家庭琐事发生矛盾，我出去打工的钱，除去自己花的500元生活费，其余剩下的钱我都打到原告的卡上了，我们结婚5年以来没有什么大矛盾，感情也不错，而且我们的孩子还小，所以我坚决不同意离婚。

经审理查明:原、被告经人介绍相识,2009 年 11 月按习俗进行了结婚庆典,并于 2011 年 3 月 14 日在夏河县拉卜楞镇人民政府补办了结婚证。2011 年 10 月 12 日生一女孩名叫张凌某。婚后夫妻感情一般。另原、被告结婚时,被告给原告方送了 32,000 元的彩礼,34 克黄金,在夫妻共同生活期间有 30,000 元存款。2014 年 7 月原、被告因为家庭琐事发生矛盾,之后被告离家出走至今。2014 年 11 月 12 日原告以夫妻感情破裂为由起诉来院,要求跟被告离婚。①

在婚姻家庭纠纷的判决书中,原、被告双方采取了第一人称的叙述与法院在法庭审理过程中查明的事实形成了印证。但当事人对于夫妻"感情破裂"的日常理解与法律规定有很大不同,在当事人看来,对方对自己的"不理不睬"、"不闻不问"、"冷淡"(一定意义上可以说是冷暴力)、"经常吵架"、"不顾(管)家"、"不照顾孩子"、"恶言相加"、"冷言冷语"、"感情出现裂痕"、"感情伤害"等成为感情破裂的证据。但在《婚姻法》的规定中,这些可以理解为婚姻存在一定"问题"的证据,但是没有达到法律规定的"感情破裂"的程度。法律语言指向的法律事实与日常语言指向的生活事实之间是部分与整体的关系;日常语言的价值观与法律规定体现的价值观是一致的,但是要求程度不同,在当事人的日常理解中,"感情裂痕""感情伤害""家庭暴力"往往与"感情破裂"不加区别地予以理解,这可以在很多判决书中看到。② 隐藏在日常语言背后的婚姻观、家庭观是当事人之间彼此向对方提出要求的依据,反映了一种由日常语言形塑并由日常语言负载的共同认同的价值标准和行为规范。在这个意义上,判决书中的日常语言乃至口语尤其是民事案件中当事人的陈述和刑事案件证人证言、被害人陈述让判决书具有了更多的亲和力,使判决书具有可读性因而具有更高的可接受性。

不过民事判决书中的"原告诉称"或者"被告辩称"部分存在口语化的情况,带来当事人陈述中的过度情绪化、道德化问题,在婚姻家庭纠纷中表现得较

---

① 张某与王某离婚纠纷案,甘肃省夏河县人民法院民事判决书,(2014)夏民初字第 73 号。

② 参见陈××诉羊××离婚纠纷案,甘肃省临潭县人民法院民事判决书,(2015)潭民初字第 29 号;马某娟诉马某有离婚纠纷案,宁夏回族自治区泾源县人民法院民事判决书,(2015)泾民初字第 8 号。

为突出。如当事人指责对方"心胸狭窄""生活不检点""生活作风不正""不务正业""吊儿郎当",这些用词固然与婚姻家庭道德观有一定关联,但对于案件事实的澄清并没有帮助,相反给受众一种法庭对于庭审过程的控制能力、文字能力比较欠缺的印象。比如,有的判决书在以中立第三人"原告诉称,其与……"的立场叙事中,同时出现了"我与……"也没有用"引号"加以标明。在没有用引号的情形下,法官对法庭的指挥能力、对文字的驾驭能力颇让人怀疑,社会效果也是可以预知的。

当然,案件审级不同,意味着判决书的受众范围有所不同,对于日常语言的态度会有所不同。一般而言,一审判决书的受众主要是法律知识水平较低的当事人(普通受众),二审因为承担着法律监督的职责,法律审是其重要的职责,这意味着其受众不仅包括普通受众还包括职业受众,因而,法律说理是其重要内容。所以,二审判决书中对于日常语言的态度更为谨慎、克制。

2. 证据

阅读判决书可以发现,对于物证、书证、鉴定笔录、勘验检查笔录一般"简单"提及有证据被提供和出示,如果当事人没有提出异议,就会被采信。从语言风格上基本属于书面语言风格和日常语言风格。但是对于民事案件当事人陈述、刑事案件被害人陈述、被告人供述和辩解以及证人证言的叙述方式因为法院审级不同、法院不同、法官不同,表现出了不同的具体样态,有的以口语第一人称方式叙述,也有的以中立第三人口气转述,也有同一份判决书兼有不同风格事实叙述方式的情形。

我们可以以甘肃省迭部县人民法院刑事判决书(2013)迭刑初字第7号为例进行讨论。在列举证据时,判决书对于被害人陈述采取了第一人称的叙述方式:

被害人陈××的陈述证明:"2013年5月21日零点四十五分,杨某霞打电话叫我去我家在北大街的新租住房。我到二楼客厅时,看见我丈夫和杨某霞在吵架,后来他俩拧在一起厮打,我把他俩分开了。这时杨某霞冲到我家厨房门前,用脚踹开了厨房门,我就尾随其后,杨某霞背对着我,拿着放在厨房里的铁管砸我家灶头,我一进厨房,杨某霞抄着那根铁管转身朝我的腰部左侧打了一下,我就跪在了地上,然后喊我丈夫，我丈夫进来后就把杨某霞拖走了。之后我爬到楼梯上喊人，郭××来了后扶我到她家，然后我就打电话报了警，公安局的人来了以后就送我到医院了。”

但是在这份判决书中，对于证人证言则采取了中立的第三人的叙事方式，而且这种中立的第三人叙事风格带有浓重的当地人日常语言交流的特点：

证人雷××的证言证明，2013年5月20日晚上，其与杨某霞在喝酒时因琐事发生争执，杨某霞用瓦刀打碎了窗户玻璃，其妻陈××来后进行劝解。之后杨某霞冲进厨房拆灶台，陈××去劝解，其听见陈××的叫喊声后，到厨房看见陈××跪在地上，杨某霞手里拿着一根长一米左右的铁水管，还打碎了厨房的玻璃。后来，陈××被110的车送往医院，经检查脾脏破裂。证人还证明听陈××说她是被杨某霞用铁水管打的。

证人郭××的证言证明，2013年5月21日1时许，其听到楼上陈××家有吵架声，其走到院子里时看到陈××扶着楼梯扶手往院子里走，其将陈××扶到其家中，看到陈××好像伤得有些重，没有外伤，其听陈××说她是被杨某霞用铁棍打的。

对于证据的表述还有一种方式，以甘肃省迭部县人民法院刑事判决书(2013)迭刑初字04号为例：

上述事实，二被告人在开庭审理过程中亦无异议，并有被害人甘肃路桥集团宕迭项目部第六分部负责人赵××的报案材料、陈述，证人王××的证言，公安机关的现场勘验笔录、照片及扣押、发还物品清单，涉案财物价格鉴定书，到案经过，户籍证明，谅解书等证据证实，事实清楚，证据确实、充分，足以认定。

显然，这是一种对各种证据的概括性列举方式，在这种方式中口语现象很少见，但在对证据的详细列举中，即便是采取第三人立场的叙述方式，口语现象有时还是比较突出。分析其原因,与法官本人的理解有关,或者与法官本人的文字表达能力有关,也有可能是法官不愿意对当事人的陈述付出更多的精力进行“加工”以转化成书面语言。

证据的审查与认定表现在证据对真实性、合法性与关联性的审查上。对于当事人、公诉机关提交的证据,如果诉讼双方没有争议点,判决书中往往会采用“本院对证据的真实性、合法性与关联性予以采信”,有的判决书则以“事实清楚,证据确凿、充分,足以认定”来表述。显然前者具有学理色彩,后者则与日常概念的关联更密切,但显得笼统。从清晰度、逻辑性、操作性等方面而言,前者似乎更可取,因为,在诉讼过程中,当事人有的对于证据的真实性不认可,有的则对于证据的关联性不认可。

但证据的审查认定环节是在判决书中展示法律介入生活、赋予生活事实以法律意义的重要环节,法治思维的养成应当从当事人提供的生活素材、生活细节的分析入手,判决书所具有的对社会的作用开始于判决书中对当事人提供的琐碎生活细节进行法律意义上的分析,也是将当事人提供的具有生活意义的事实和具有法律意义的事实区分开来的过程。从这些意义上观察,虽然当事人对于证据没有异议,但判决书中类似于“以上事实有……等证据予以证实”的叙事方式显得过于简单,是应该改进的,因为没有反映证据与法院认定的事实之间是如何关联的。判决书中对举证、质证、异议以及采信过程的叙述虽使用的是日常语言,但却是法律思维过程的客观展示,对于判决书受众思维方式的引导意义自不待言。

3.“审理查明”的事实的叙述方式

“审理查明”部分的叙述方式所用语言风格不一,有的判决口语色彩更浓厚一些,有的判决书还会采用方言,有的判决书书面语言色彩更多一些。就整体而言,口头语言和书面语言混用的情形更为常见。

在判决书中我们也发现一种现象,即在“审理查明”部分总结原被告双方的争议点时,还在使用“我……”例如,甘肃省迭部县人民法院(2012)迭民初字第05号民事判决书的表述是,“对于在原告嫁入蒋家后所修建的房屋,原告称,是我和丈夫投资所建的。是她和丈夫向亲戚朋友筹资……”出现此种情形,如果不是因为法官本人的写作态度不够严肃,就只能理解为法官的文字功夫和法律素养均有欠缺。无论是哪种情形,对于通过语言文字建立公共性都具有负面效果。

(三)案件事实叙述中的方言俚语问题

在判决书中允许日常语言和口语出现的同时,有一种值得注意的现象就是案件事实叙述中的方言俚语问题,在文艺作品中方言在美学意义上和族群文化的创造性方面具有重要意义,但判决书作为正式文书,过度使用方言不利于统一法制的建设。

各地方言用词反映了本地一些特殊的风俗习惯,这在婚姻家庭领域的判决书中比较突出。比如除甘肃、青海、宁夏、新疆等省区的判决书中关于婚约财产纠纷中使用了“干礼”“彩(财)礼”“买衣服钱”“买手机钱”“离娘布(肉)钱”等比较普遍也容易理解的用词外,①青海省都兰县等地婚姻过程中的“供奉佛爷钱”②“长梢布”③“压桌钱”④“趁瓶子钱”⑤,宁夏回族自治区固原一带的“看家钱”“二程及折仪钱”⑥等用词则可能反映了本地存在的风俗习惯,若非本地人知晓这类风俗习惯,仅结合判决书的上下文要理解这些用词其实不大容易。例如,甘肃省临潭县一带的婚姻彩礼中的“开合”,法院使用了“另查:结婚时被告拿给原告彩礼款64,000元(其中‘开合’6000元)及金项链一条、金耳环一双”的表述,我们仍然不明白“开合”究竟是什么意思。⑦ 也有一些用词从判决书的内容看,大概属于当事人双方约定的事项,与风俗习惯关系不大或者没有关系,比如当事人在诉讼中要求对方返还“宴席款”“订婚款”。

此外,还有如剩余钱数“下剩”、欠款之“下欠”⑧,经济活动中“打条子”等方言等,个别方言语词的使用不至于影响公众对判决书的整体理解。然而,方言太多,就会严重影响对判决书的理解。

---

① 参见青海省都兰县人民法院民事判决书,(2015)都民一初字第575号;青海省都兰县人民法院民事判决书,(2015)都民一初字第121号、(2016)青28822民初第231号等;宁夏固原市中级人民法院民事判决书,(2015)固民终字第302号。

② 青海省都兰县人民法院民事判决书,(2014)都民一初字第71号。

③ 青海省都兰县人民法院民事判决书,(2014)都民一初字第367号。

④ 青海省都兰县人民法院民事判决书,(2014)都民一初字第367号;青海省都兰县人民法院民事判决书,(2015)都民一初字第108号;青海省都兰县人民法院民事判决书,(2015)都民一初字第121号。

⑤ 青海省都兰县人民法院民事判决书,(2014)都民一初字第367号。

⑥ 宁夏固原市中级人民法院民事判决书,(2015)固民终字第302号。

⑦ 甘肃省临潭县人民法院民事判决书,(2015)潭民初字第29号。

⑧ 宁夏贺兰山县人民法院民事判决书,(2015)贺民初字第1566号;宁夏西吉县人民法院民事判决书,(2016)0422民初2156号。

还有一些俚语，如“丁某叶诉马某龙离婚纠纷案”一审民事判决书中的原告诉称“一狗棒打在我的鼻子上”中的“一狗棒”，①“肖某兰诉季宏俊健康权纠纷案”一审民事判决书中的被告辩称，“一把抓住我的扬斗子皮带就乱骂起来”和“原告不听我的劝说就抓着扬斗子皮带乱拉乱甩”中的“扬斗子皮带”，究竟是“羊肚子皮带”抑或其他，不得而知。②

总之，在判决书中，使用普通话和规范汉字是法治的要求，也是国家层面上建立公共性的需要，即便是少数民族地区的法院运用少数民族语言撰写判决书也要以公共性和统一性的建立为目标，而不是以体现和尊重多样性为目标，在判决书中应尽可能少用地域性方言或者俚语。

（四）说理风格与公共性的维护

判决书中的说理在“经审查明”的基础上展开，以“法院认为”的形式标明。根据判决书的语言风格，我们可以将判决书中的说理粗略地区分为情理型说理、法理型说理和学理型说理。在三种类型的说理中，婚姻家庭纠纷的判决书明显地呈现了情理型说理的特点。法理型说理是指判决书中采用了法律术语和法律法规进行说理，在刑事案件判决书和经济纠纷、合同纠纷等案件的判决书中基本上采用此种类型。所谓学理型说理风格则是指判决书中运用了法律人的行话或者说社会方言。当然这三种类型的说理并没有清晰的界限，分类只是以判决书的某一个方面的突出特点为标准。

1. 情理型说理

情理型说理风格更多体现在婚姻家庭纠纷中，这与婚姻家庭就是以爱情、亲情为基础展开有关。现代社会强调的理性就其总体特点而言是逻辑理性、经济理性，以人之“思”为核心内容的理性更多地展示出了普遍性，而以人之“情”为核心的非经济的无法计算的内容恰恰与生活方式和价值观密切关联，是其“情感”联系的价值观与生活方式。礼貌和相互尊重的现代自由平等价值背后挡不住的是人际关系之间的冷漠化。在判决书中我们却可以看到婚姻家庭纠纷中的说理却无法以离开“情”的方式进行下去。这个理既是生活的常理，也是法理，情渗透在理中，以理为准。我们以一份判决书为例：

---

① 参见丁某叶诉马某龙离婚案，甘肃省合作市人民法院民事判决书，(2014)合民初字第93号。

② 肖某兰诉季某俊健康权案，新疆木垒县人民法院民事判决书，(2014)木民初字第318号。

> 本院认为:婚姻关系的维系是以感情为基础的。原被告已经共同生活多年,有一定的感情基础,原被告双方理应为了家庭、为了孩子,重新审视相互之间的夫妻感情,给对方机会,挽回这段夫妻感情。被告多年在外打拼,加之公司经济效益不好,无法按时拿回工资,原告作为妻子理应理解被告在外打拼的艰辛,同时被告本人因其常年在外打工无法顾及家庭,应更加关心妻子、爱护家庭,尽到一个做丈夫、做父亲的责任……①

这份判决书运用平实的日常语言先是将生活之理和爱情亲情结合起来进行说理,后引用《婚姻法》及司法解释的规定,驳回了原告请求离婚的请求。

驳回当事人离婚诉讼请求的判决书基本上采用了这一说理模式,差别仅在于说理的详略程度。其基本套路是:首先强调婚姻的基础是感情,然后指出婚姻关系中双方应互相尊重、互相理解、互相关爱,以及对家庭的责任,最后综合考虑原被告双方婚姻基础、婚后感情、离婚原因、夫妻关系现状、有无和好可能等多方面情况,认定感情尚未破裂。若根据前述的综合因素判断当事人双方和好无望,则认定夫妻感情确已破裂,支持离婚请求,分割财产。

从大量的判决书看,夫妻双方是否平等这一现代伦理并不是引发离婚请求的直接原因,夫妻双方是否平等在于双方的内心感受。不尊重、不沟通、不关心和没有家庭责任心导致的本人存在感和被关爱的缺失是更重要的方面,比如有一份判决书中当事人诉称"在家里被告遇事也不给我讲,经常私自做主,也不照顾孩子",因而"感情破裂"。法院的判决理由认为被告的行为伤害了夫妻感情,但并不是法律上的夫妻感情破裂。② 从双方当事人的陈述内容和法院的判决理由看,责任和义务而非权利才是家庭伦理的核心。

2. 法理型说理

法理型说理,是指在判决书中法官首先辨析法理,最后指出据以作出裁判

① 宁夏石嘴山市惠农区人民法院民事判决书,(2015)石惠民初字第1017号。

② 新疆木垒县人民法院民事判决书,(2014)木民初字第126号。

之具体法律条款。这种说理方式在经济纠纷引发的案件和刑事案件中常见，无须列举实例证明。

法理型说理以人性的理性为基础。自中国法律现代化以来，法律人在学习法律的过程中被告知法律是理性的体现，而理性则是人性中的逻辑思维、利益计算，是一种冷冰冰的普遍关怀。更准确地说，现代法律试图将交往基础建立在人性中知性能力的共同性和普遍性上。但人往往在思考时听从真理和理性，在行动时却听从自己的生活态度和价值观，也就是“是什么”无法保证“应当怎样做”。现代理性增进了人与人之间彼此理解、互相尊重，但掩盖不了彼此之间各行其是、互不关心、相互冷漠以及对他者的价值、利益和力量的非暴力抵制行动的现实。① 对于现代社会追求的以知性为基础的公正价值背后隐藏的日渐严重的团结与关爱问题，需要法律人有一种长远的考量和对西方现代理性的批判性思考。

3. 学理型说理

学理型说理，是指法官运用法律人的行话进行说理，在这种情形中，法官也会指出据以作出裁判的具体法律条款。尽管学理是围绕法律概念、法律原则和法律规则展开的学理体系，但实证法的概念体系与学术概念体系是两个不同的体系，前者关注的是合法性和安定性，后者关注的是法律体系的合理性和可能性。一些法学术语具有明显的专业色彩，与日常概念之间的联系比较松散，因而其经验性和可感知性要弱得多，比如单务合同和双务合同、诺成合同和实践合同以及票据的无因性等，这类术语虽具有明确的内涵，但公众理解起来并不容易，在立法文件中并不多见，在判决书中也不宜多用，但可以作为前两种说理方式的补充，用规范可能性保障人们对安定性的预期。

四、说理依据：基于法律的说理和基于文化的说理

本部分想要探讨的问题是，法院在判决书中进行说理时，可不可以引用某一文化经典中的表述进行说理。现代国家基本上都是多族群国家，因而这是一个非常重要而复杂的问题。我们先从一份引起广泛关注和讨论的判决

① 赵汀阳：《理解和接受》，载《没有世界观的世界》，中国人民大学出版社 2003 年版，第 91 ~ 112 页。

书说起。

2016年,重庆市巴南区人民法院的一份民事判决书[①]将《圣经·马太福音》中的文字表述进行援引,以支持其判决,这一做法是否合理引发了人们的热烈讨论。[②] 笔者整理分歧的焦点,从判决书中能否引用宗教教义进行分析和说理,最后扩展到文化传统之间关系的论证上。赞成者的代表性观点认为:无论是《圣经》还是《论语》,无论是宗教还是伦理,不管这个理由来自西方还是源自本土,并不重要。其不过是一种说理方式,重要的是要把理讲清楚。要是有助于讲清楚道理,又何必太计较采用了哪种形式。[③] 反对者则认为:判决书不应引用宗教教义。比如张新宝教授表态,法官的基本任务是依法裁判,在判决书中引用宗教教义是错误的,违反政教分离原则,违反"以事实为依据,以法律为准绳"的原则。如果允许用《圣经》的只言片语来论证某一份判决的正当性,也就意味着可以拿另一部宗教经典来论证"用石头砸死私奔者"的正当性。[④] 还有反对者认为,在判决书中,引用宗教经典在客观上容易形成国家司法权力支持某种宗教信仰的倾向,因此不宜提倡。[⑤]

因为是微信公众号文章,上述讨论文章短小,带有随笔性质,故多数言说论证未能充分展开。笔者在中国裁判文书网上搜索阅读民族地方法院判决文书,得到的结论:上述在判决书中引用某一文化经典中的话语进行说理的现象很少

---

① 重庆市巴南县人民法院民事判决书,(2016)渝0113民初404号。

② 法官在判决书中写道:在婚姻里,如果我们一味地自私自利,不用心去看对方的优点,一味挑剔对方的缺点而强加改正,即使离婚后重新与他人结婚,同样的矛盾还会接踵而至,依然不会拥有幸福的婚姻。"为什么看到你弟兄眼中有刺,却不想自己眼中有梁木呢。你自己眼中有梁木,怎能对你兄弟说,容我去掉你眼中的刺呢。你这假冒伪善的人,先去掉自己眼中的梁木,然后才能看得清楚,以去掉你兄弟眼中的刺。"(《圣经·马太福音》)。正人先正己。人在追求美好婚姻生活的同时,要多看到自身的缺点和不足,才不至于觉得自己完全正确。本院认为,原、被告通过深刻自我批评和彼此有效沟通,夫妻感情和好如初,家庭生活和和美美存在高度可能性。

③ 李拥军:《应该为引用〈圣经〉的判词叫好》,载微信公众号"法律读品"2016年6月24日,https://mp.weixin.qq.com/s/fM-kS_le4LZXwItCkpJPJg。其他类似观点:一是认为法官引用宗教教义典籍应被允许,不应上纲上线;二是可以用来说理,但不要明显的引用宗教教义。

④ 张新宝:《法官的基本任务是依法裁判》,载微信公众号"法学学术前沿"2016年6月24日,https://mp.weixin.qq.com/s/pyX1P18W6Qvjmwigd7bGmA。反对者还有王勇教授等,认为引用宗教教义违背了法律共同体的共同确信,作为法律理由是优先于法律结论,在教义学中,法律理由凝结于内在于法律规范之内(无论是成文法还是不成文法)。这些言论是在学者微信圈的学术性质的讨论,未见纸上文字。特此说明。

⑤ 刘伊戈:《判决书引用〈圣经〉不妥当》,载微信公众号"审判实务"2016年6月24日,https://mp.weixin.qq.com/s/FG7SgS0iXK9kyfyGSWJmrA。

见。但如果将这一讨论放在多民族(族群)国家统一法制与多元族群文化良性互动的背景下进行考察,就会发现法律解释方法与国家、法律、文化之间复杂的实践关系,以及所蕴含的近代以来在强势的西方法学话语背景下探讨的中国法律本土化问题和中国内部的“民族法、民间习惯法”等司法适应性的问题。总之,这一讨论所包含的学术意义与实践意义均须充分挖掘。下面笔者就结合学术界对这一判决书的评论,围绕这一问题的学术讨论展开分析。

(一)多元族群文化与法律理由的公共性

法官能否在判决书中以明确注明出处的方式引用《圣经》《古兰经》或者《论语》的观点进行说理,在法理上或者法律上是否行得通?对此,有观点认为法官不能采用某一种完备性学说、宗教教义甚至自己的文化确信,因为法律理由代表了生活于不同文化群体中的人的共同确信,哪怕是在形式法治的意义上。如果法官采用了某一种法律规定之外的理由作为判决的支持,意味着强制性地要求非此文化中人接受此种文化。另有学者如李拥军、朱祖飞等人则认为:法官在判决书中以明确表明出处的方式,引用《圣经》的目的在于说理,将其作为法官自主独立审判应有的内涵,并非不可;反对者有大惊小怪、小题大做、上纲上线之嫌,应该支持法官依据宪法法律独立作出裁判,让民众成为自主的民众。[①] 然而,笔者认为这似乎不是小题大做,而是一个非常严肃的学术话题,也是实践中的重要问题。

正如赞成者所认为的,让法官依据宪法法律独立作出判断,让民众成为自主的民众,此话正确。关键在于,如果把这两句话联系起来解释,问题就出来了。在一个多元文化、多元价值的时代里,法官在“独立”地援用某种宗教或者特定文化的伦理作为辅助性说理,而不是运用支持宪法法律的立法理由进行说理的时候,即便法官不是故意,在客观上是否会产生一种未经公众(包括当事人,尤其是对于某一宗教有拒斥心理的当事人)对话、讨论与同意,就以司法的名义强制性地让其接受或支持某一些学说、教义或者伦理的实际效果?这种说法,恰恰是未经民主立法过程进行选择的结果。从当事人的角度看,一个当事人以一个自己认同的文化作为行动理由,并希望得到法官的支持,与此同时另

① 朱祖飞:《依法裁判如何可能?请教张新宝教授——关于援用〈圣经〉有感》,载新浪博客,http://blog.sina.com.cn/zhuzufei,最后访问日期:2016年6月25日。

一方当事人可能并不认同这一基于文化的理由,法官是否需要以这种文化的观点作为判决书中的说理理由?法官引用一种特别的文化观点作为判决的辅助性说明或者说理依据的理论基础在何处?

换言之,在文化多样性、价值多元性和生活方式多样性作为基本特点的现代社会,国家应该秉持平等对待原则,不应该通过国家权力强制推行某一种生活观念,并不同时促进其他生活观念和生活方式,这就是对某些公民实施不公正。然而仅靠文化市场的自由竞争,某些少数族群的文化在面对竞争时就有可能消失,如此一来,热爱此种文化的人就丧失了选择的根据,丧失了追求他们自己生活观念的可能性。如果民众通过民主过程选择了某种生活方式,国家就应该促进这种生活方式,因为这构成了立法的根据。法官行使的是国家的司法权力,其应支持并申说的是经过民主过程选择的生活方式,无权就立法问题作出决定,也不能运用司法权力损害这种生活方式的多样性,更不能运用国家司法权力强制推行自己所信奉的某一种生活方式。对于生活方式多样性的平等尊重已经为《宪法》"序言"所说明。最高人民法院《关于裁判文书引用法律法规等规范性文件的规定》(法释〔2009〕14 号)第 1、3、4、5、6 条规定了关于裁判文书可以引用何者作为裁判依据、可以引用何者作为裁判说理的依据。《圣经》中的话语也许与法律上的文字规定和支持文字规定的立法根据相一致或不抵触,但能否引用作为裁判说理的依据?赞成者以为,这没什么大不了的,因为有些道理超越了某一宗教,不为某一宗教所独有,而且仅仅是让其充当说理依据而不是被引用作为裁判依据——不是让其代替法条。这话的确没错,然而正是因为有些道理或价值超越了某一宗教或者某一种文化,才有可能形成不同文化之间的共同确信,普遍性的法律才有可能。以普遍性的法律名义和以某一宗教的名义在内涵上有深刻的差别——以某一种文化、某一种宗教的名义阐发某一道理,仿佛这一道理乃是此一宗教独自认可,并得到了国家权力的认同与支持。以法律的名义则不仅维系了国家与国内各种文化之间的有机关系和联系,也能使国家与各种宗教、各种文化之间保持分离,在各种文化、各种宗教之间保持中立,保证民众选择不同生活方式的可能性。

(二)法律理由与民族文化中的公共性问题

如第二章所言,多民族国家的民族文化的定义只能以共享的公共文化的方式来定义。这符合多民族国家的历史与现实。

1. 地方性知识与公共文化

在关于法院判决书是否能引用《圣经》进行说理的观点中,有一种论证大体上可以说是从宗教与法律的历史关系出发,认为在法律文明(尤其是西方法律文明)的发展进程中,宗教深刻地影响了法律的发展,宗教教义转化为现代法律原则,不少宗教规范被引入现代法律,在一定意义上实现了法律规范和宗教规范的相融互通。从这个意义上说,法理无论东西,常识需要遵从。判决书用只言片语《圣经》名言,增加说理的厚度,应该得到肯定。的确,宗教逻辑也是包含着历史的道德评价和行为规范。从内容考察,宗教中调整人神关系的规范(包括对神的信仰、敬畏、崇拜以及宗教生活等),旨在保证信徒对神的崇敬和服从,维系宗教观念存在、宗教组织健全、宗教组织建制,调整"人神关系"的规范其实是异化了的世俗社会的规范,强调人们对于"神"的单向度的、现世的义务和责任,这里任何对等的功利计算都被排除了;调整处理人与人之间关系的规范(包括信徒之间或者信徒与世俗人们之间的关系),实质上是被罩上"神圣"光环的世俗社会的规范,是世俗社会行为规范的神学版本罢了。后来有些族群、民族斩断了世俗政权与宗教之间的联系,本来就是调整世俗社会关系的行为规范不能再依靠神的力量,此即"政教分离"①。针对世俗生活国家制定了自己的法律,其实施不再是诉诸对神的信仰基础上的自律机制,而主要是诉诸国家强制力和舆论等他律机制。宗教、道德与法律由此在价值基础、规范类型与实施机制方面有了某种意义的分离。虽然宗教对于在其影响下产生的行为规范,仍旧保持着悠久的历史联系和事实上的政治影响力,但是这种影响力无论从世界范围内还是从一国范围看只是局部的影响力,而非全部。这种历史上曾经发生的事实以及其对于政治过程的影响力并不能保证当下司法实践中裁判文书引用某一宗教教义的正当性,并不能证明其在规范意义上的"应当"甚至"可以"。法律乃是基于其自身的根据即立法理由(虽然这种理由与不同历史文化传统之间相互融通)为不同的文化传统、生活方式提供法律上的可能性,而不仅仅是为某一种文化传统、生活提供可能空间。从个人意义上,随着人口流动的加大、文化传统之间的互动更加频繁,个体与自己族群、传统习惯之间的共识有可能越来越少,在分享文明方面与其他文化传统之间的共性有可能越

① 王存河:《宗教对我国西部少数民族习惯法的影响》,载《兰州大学学报》2007 年第 3 期。

来越大①(当然,这并不意味着文化认同的减少)。

与对法律与宗教的关系的讨论在思路上比较相似的一种说法:有一些论者认为,如果判决书引用《论语》中的话语进行说理的话,也许从心理上说,就没有那么大的波动,也不会引起如此高度的关注。这种判断也许是正确的。但引用《圣经》抑或引用《论语》在致思路径上具有一致性。

在现代中国,中华民族是一个包含并超越了国内各个族群(民族)的概念,中华文化中公共文化的建设较之以往格外迫切。在中华文化的组成部分中,有马克思主义文化和非马克思主义文化,如中国的儒道法文化、中国基督教文化、中国的伊斯兰教文化、中国佛教文化;从发生学上看,这些都是地方性知识。在如此多样的文化中,这些地方性知识与过往的生活范围、视域密切相关,有一种与本地的内在和谐关系。但在今天,人际交往较之过去涉及的领域更广、更深,时间更快,确立人际交往的公共文化显得格外迫切。在新的发展形势下,每一种文化都会就与他者如何相处提出原则和规则方面的建议,同时对自己如何发展也会形成思路。正是共同问题的出现使得借助于历史上形成的地方性知识资源开出新的解决共同问题的方案成为一种可能。但法律作为公共性的载体或者说作为多民族国家的普遍性的知识载体具有更多的优点。

2. 法律理由与公共文化

民族文化中具有共享性的公共文化是否可以作为法院在判决书中进行说理的依据被援引。如第二章所言,尽管民族国家的认同包含了民族文化认同和政治法律认同,法律制度可以/应当从民族文化中获得其合理性和有效性,民族文化中的价值和规范可以获得法律制度的肯定与支持。但就多民族(族群)国家的历史与现实而言,民族文化的内容是多层次多样态的,故只能以共享的公共文化来定义,但法律文件作为公共文化的形式载体和保障方式,对民族文化的价值观和行为规范具有其他表现形式不具有的优点。

首先,法律作为公共文化的载体,是互惠性知识体系。共享的公共文化可以有不同的形式载体,包括公共文化设施、文化艺术作品、文化活动以及其公共文化服务等。公共性源于不同个人、群体,不同个人、群体所拥有的地方性知识

① [加]威尔·金利卡:《多元文化的公民身份——一种自由主义的少数群体权利理论》,马莉、张昌耀译,中央民族大学出版社2009年版,第128~129页。

被卷入一个更大时空的共同生活中,由此产生了共同问题。但共同问题并不意味着关于共同问题的共同知识,每一种文化可能给出自己的答案;在一些问题上形成共同的知识,并不意味着在其他问题上形成共同的知识。无论是《圣经》《古兰经》还是《论语》都是形成于过去的人文知识,包含独特的历史经验和记忆、信仰、价值观,面对当下的某个共同问题,经过解释,对于该共同问题给出了一种彼此可能认同的答案,这是各种地方性知识“互相普遍化”的结果。但这些经典文本自身并不能代表民族国家的公共性,这是全球化背景下现代民族国家的发展趋势使然;唯有法律能更全面地代表和反映多民族(族群)国家的公共性,亦即只有法律代表了不同共同体和不同文化之间共同接受的价值观和生活愿景以及对可能生活的包容,这也能说明法治是一种必然选择。

其次,法律作为公共文化的载体,能够为公共性问题的解决提供融贯性、系统性的解决方案。历史上形成的各文化传统的经典文本因为时间、空间、视角、利益关切、价值取向、兴趣等形成了一种知识体系,立足于一定的历史视域形成的知识必然是一种“偏见”,这是知识论的要求。如果要求面面俱到,整理出所有要素和所有方面,那么知识与事实之间就无区别,知识就成为不可能的。随着不同的个体、不同的群体之间联系越来越紧密,形成于历史上较早时期的不同经典文本对现代多民族(族群)国家人际相处中面临的新的共同问题可能会提供一些解决方案,但其提供的只是解决方案之一,因为其他文本也会提供一种解决方案。不同于自然科学知识,人文社科知识是在人际交往中形成的与偏见密切关联的知识,并且总是与价值、规范、利益、信仰、心理联系在一起,因此,当掌握不同知识的具有偏见的人不可避免地处于一种更加密切的关系网络中时,唯有创新一种新的形式以反映和容纳新的时空条件所要求的公共性。就目前的现实而言,所能想到的最好的形式就是法律,其既与传统保持关联,又与特定传统保持一种距离,为具有不同历史知识的人提供交往规则,协调和满足人际交往要求。

再次,法律作为公共文化的载体,具有更高程度的确定性。《论语》《圣经》《古兰经》等经典文本对于人际交往中的公共性问题往往采取比喻、故事等多种说理方式进行说明和解释,其含义往往晦暗不明,不确定性程度往往比法律文本要高一些。当代文学艺术作品和历史著作也都有可能反映和提供关于公共性问题的一个可能性思考,但对于公共性的建立而言,法律的语言风格、逻辑要求等使得对其含义的把握具有更高程度的确定性。

从对行为规范性的作用方式看,民族文化价值与规则的规范性属于隐规范性,法律的规范性属于显规范性。隐规范性的作用方式是潜在的或者隐含的,涉及人的思维方式等深层次的东西;显规范性的作用方式是直接的和明显的,具有相对容易把握的特点。通过对法律所体现的公共性的解释以制度的方式推进文化价值的时代变革,进而把握、维护和巩固民族文化价值和规范,具有更高的可操作性。

最后,从文化心理上看,法律作为公共文化的载体具有更高程度的可接受性。不管是文艺作品、历史著作、宗教经典等都可以为公共性的解决提供一种参考性的知识资源,但其不能成为解决公共性问题的权威性依据。一种文化传统可能为某一公共性问题的解决做出重大贡献,但这取决于他者的理解、认可和接受以及对他者的承认,显然这是一种在不同主体之间的对话、交流和沟通中产生的解决方案,是一种共同的文化创造,而非某一种文化或者主体的自我反思或者内部对话的结果。这种方案与各种文化视野的扩大、交汇有关,但又不隶属于某一种特定的学说或者文化传统,故其载体应当具有独立的形式,这种形式具有更高程度的可接受性和权威性。法律是人际互动、群体互动、文化互动共同创造的作品,把法律视为某一种文化的结果实质上是将该种文化进行唯一最大化,使其他文化最小化的思维模式所致,在知识合法性上是说不通的,也会破坏文化发展所需要的和谐生态。

(三)外来词、公共性与说理问题

在判决书中引用经典文本的内容作为说理依据,一般并不涉及语词问题,但在深层次上与语词、概念的运用有关。因为民族文化价值与规范的表达要以概念或者语词、词组、短语作为承载单位,语词自身的公共性问题,即其社会普及程度或者可接受程度还是值得关注的,尤其是外来词的公共性问题。一种语言的语词、词组的丰富程度与其社会生活状况密切相关,多元文化之间的往来必然伴随语言上的新词、外来词的出现。外来词是指在词义源于外族语中某个词的前提条件下,在不同程度上汉语化了的汉语词,这个词还应使用较长时间,才能成为真正意义上的外来词。外来词的出现显然与新事物、新观念与新概念的出现有关,不同文化、不同的语言体系对相同或者相似的对象产生的观念、概念具有相关性。用一个词指称一个概念实际上是概念意义的词化过程,是概念的命名过程。并不是所有概念都一定语词化,社会中出现频率高亦即公共性程度高的概念比较容易词化,“改革”“创新”“发展”“和谐”“稳定”“幸福”等词便是如此。否则,概念将会停留在词组、短语等说明性表达(非命名性)的层次上。外来概念在被引入时往往以描述性的词组、短语等方式出现,但在反复使用中,出于表达便利之目的,逐渐会凝练为一个词。

在判决书中,除了专门术语之外,说理都是通过日常语言实现,而在我国普通话中,不少日常用语虽源于宗教经典,然而其已经社会化了,褪除其来源意义上的宗教色彩,比如我国日常用语中的一些话语来自佛教,一些来自儒家、道家与法家经典文献,还有一些语词来自基督教经典,其成为负载一定特定概念意义的载体,成为公众进行社会交往的媒介,不再是传播某一特定宗教教义的载体。不同语言中的词汇通过翻译借用等手段在另一种语言中扎下根来,指称或者描述某一现象、观念或者概念,说明了人类具有共同的或者相似的意义体系,而且外来词在整个语言体系中与其他词保持为一个整体,形成一个意义网络,并被社会公众所认可和接受。可以说,语言具有一种内在的或者先验的对话形式,包含“我者”与“他者”的对话,在提问、回答这种对话交流中,语言共同体的成员共同赋予了语词以共同的可理解的意义。我国作为一个多民族国家内部形成了不同的文化/知识共同体,包括历史久远的文化/文化共同体,如不同的族群文化共同体,也包括现代社会出现的共同体,如同性恋与异性恋等。全国通用语言即普通话的含义是人们共同赋予的,因而对他人的发言也有一种期待。尤其是,随着现代传媒的发达、人员物资信息交流范围扩大,人们面临的共同性事务越来越多,代表公共性的词汇会越来越丰富。这些语词可以被司法文件所援用;但是如果某一词汇具有明显的宗教色彩或者宗教背景,则应慎用少用乃至不用,因为这些词汇仅仅反映了某一知识共同体内部或者说是部分人所认可的公共性,与法律所要求的全国意义上的公共性不相吻合。

一个被用来指称某一概念的语词可以用其他词组、短语乃至句子予以替代性地描述。但这种描述以这种观念具有公共性并为法律所不禁止为前提,而且不宜如重庆法院判决书中的做法标明其文字出处,以表示司法的中立性。这是司法对于我国宪法法律、对于多民族国家族群文化多样性的政治承诺。

对于语词意义的公共性可以借用语言哲学中的语义规范性概念予以说明。① 语义规范性是指语词等语言表达式之所以具有意义是因为存在正确运用该表达式的条件,语词的意义与运用语词等表达式的正确性条件之间存在规范性的联系。如果说一个语词或者其他语言表达式有什么意义,那是因为言说者在使用该词时受到了一些规则或者约束性条件的限制。这意味着:一是这些正确性条件包括了语法条件和各种事实的客观存在;二是正确性条件使得语言表达式在不同的情境中具有了意义上的一致性。当然不能由此得出结论说,语言表达式的正确性条件决定了语词的意义或者等同于语词的意义。因为正确性条件只是体现了一个表达式"应该"如何被运用,对于很多言说者而言并不一定会构成强制性的约束,只是一种指导性建议。只是在其不愿意将"白色"称为白色,而是说成其他颜色的情况下,其言说就无法进入公共领域进行有效交流,因为其对于语词与正确性条件之间关系的运用就没有遵守公共约定,因而仅仅属于言说者的私人话语。对于法院判决书来说,语义规范性应当构成一种强制性约束,这取决于判决书自身的公共性追求目标。比如,将明显属于无因管理的事项认定为侵权,不仅会引起知识论的错乱,也会导致价值观上的混乱。故对于语词的运用不仅具有知识论的重要性,也有价值论意义上的重要性。当然规范性不仅来自语词的意义,还来自法律文本的意图与内容。

(四)概念边界、可能生活与判决的可接受性

前面将注意力集中在多元文化背景下公共性的建设与维护上,公共性之所以重要,是因为多元文化的存在。一个运行在特殊文化环境中的法院或生活在特殊文化环境中的法官在承担"以事实为依据,以法律为准绳"裁断案件的法律职责时,担负维护国家统一法制的职业责任。那么,对于其所处的文化环境有无特别的责任与义务?如果有,如何进行?

毋庸置疑,一个案件的妥帖解决在很大程度上镶嵌在特定的文化与环境之中。案件当事人所具有的特殊关系、特别的群体从属关系和特定文化传统对其本人而言不仅仅具有工具性的价值,也具有可能的和内在的目的性价值。这种继承下来的特殊关系和文化传统确实可以成为当事人人格尊严的组成部分,但

① 郭贵春、赵晓聃:《规范性问题的语义进路与语用转向》,载《中国社会科学》2014 年第 8 期。

当事人对自我的追求是一个边界开放、无限延展的过程，对于继承下来的特别关系、文化传统和特殊生活方式并不是可以不加反思就接受的。即便是曾经具有相同文化背景的当事人，特定群体的价值和传统仅代表了一种可行且可能的生活方式，而非必然的生活方式——这是主体自主性的要求，反思体现了当事人的自主选择权和决定权。所以，在承认一个人与一般意义上的陌生人的关系具有道德上的同等重要性的同时，也要看到一个人与特殊的人、特殊群体的关系也具有道德上的重要性，两者的矛盾关系需要在实践中加以解决。在多民族国家的具体司法实践中，法官面对的即便是具有相同文化背景的当事人，群体价值和传统也仅仅代表了一种可行且可能的生活方式，但不是必然的生活方式——前提是这种生活方式不是法律所禁止的就行。两个曾经继承了不同文化传统的人也有可能具有相同的价值观，对于某一生活方式具有共同的偏好。但这一点应该留给当事人去选择。

但是，法官代表的是公共性的权威性力量，维护不同的人们之间的公共交往空间。法官对于某种文化的偏爱不能替代对于法律的忠诚，其对于特定文化的偏爱不能进入司法判决以伤害公共性为代价，违反当事人的基本选择权和决定权，违反参与者的基本需要，更不能把不公正的判决理由强加给别人，甚至产生无法容忍的后果。

就案件的决定而言，公共性与多样性之间的辩证关系是由语义规范性、法律文本内容的规范性和当事人的自主选择权共同决定的。语词的公共性并不意味着法律解释就会压制多样性，变成失去多样性的一致性。语义的公共性也不意味着唯一性，而只是说该词的含义是由人们在日常生活交往中共同赋予的，是在不同知识体系之间互动的基础上建构的结果，意味着存在论意义上的众多他者的存在以及相互之间的对话。一词多义现象令追求普遍性和绝对确定性的人们为之苦恼时，其实人们恰恰应该明白，语词含义的丰富性体现了生活与世界本身的复杂性与多样性，概念的可能性边界蕴含社会生活的可能性以及彼此之间和谐对话的可能性。虽然语义的公共性与规范性是在具体时空中形成的，但语义本身却具有超越时空的特征。

与语义的规范性不同，法律文本内容的规范性是一种具有特定时空背景的语用学意义上的规范性，因为其中包含了立法者对于特定情势的判断和调整意图。故法律解释者所面临的任务是除了分析法律概念的可能性范围外，还要判断立法者对于法律概念范围的限定,在可能性范围之内进行权衡选择作出决定。这种决定不仅不能破坏法律决定前后的一贯性,而且又能满足文化生活的多样性以及社会变迁的要求。

文化多样性与生活环境的多样性之间有内在的关联。如果说,在人际交往不是特别频繁的时代,一种生活方式对于一个个体而言具有决定性的影响,并赋予其对生命意义的理解的话,在当下不同文化、不同个体之间的交流越来越频繁,每一种具体文化对于生活模式的规定和对生命意义的理解不过是向作为主体的人展示了可以选择的可能性空间,提供了一种生活意义的可能性。民族自治地方的自治条例、单行条例对于本地方习俗的保留与改革权利也是在此意义上展开的,个人的宗教信仰也应当作此理解。由此,即便是对处于某一文化共同体内部的成员,基于某一教义乃至习俗的说理可能对于当事人具有局部范围的公共性,但这仍然是一种可能性而非必然性,因为这种说理展示了对个体选择权的压制性影响,对个体而言有可能是不恰当的,也有可能与更大范围的公共性相抵触。因而,应受到严格的规制。